AF493428

Nous, Soldats !

2431

8°Lh4
2922

DU MÊME AUTEUR

En préparation :

Contes et Ballades.

IL A ÉTÉ TIRÉ DE CET OUVRAGE

4 Exemplaires sur Hollande à la Forme

numérotés.

JEAN TOURNASSUS

Nous, Soldats !

AVEC UNE PRÉFACE DE

MAURICE BARRÈS

de l'Académie Française.

EMMANUEL VITTE, ÉDITEUR

LYON | *PARIS*
3, place Bellecour, 3 | 5, rue Garancière, 5

1918

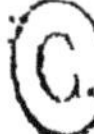

PRÉFACE

Jamais les combattants n'auront autant écrit que durant cette guerre. C'est un fait. Mais c'est un fait encore que les soldats sont maussades et mal disposés envers « celui qui écrit la guerre ».

Voilà une grande contradiction : j'espère que personne n'en est plus à s'étonner que des êtres pleins de vie soient pleins de contradictions ? Celles-ci s'expliquent aisément.

Le combattant répugne au milieu des épreuves à exprimer ses peines et ses misères. Il diminuerait sa force de résistance. D'ailleurs son voisin souffre comme lui. La vie de guerre est une vie où les sacrifices sont anonymes. Il se tait, se raidit, renferme en lui toute une part de ses sentiments et par cette concentration ne leur donne que plus d'intensité secrète.

Viennent les heures du repos forcé, l'hôpital, par exemple, et la convalescence qui suit les longues journées de fièvre ; tout naturellement il notera ce que lui dictent sa mémoire et son cœur.

Il fera dans ces circonstances nouvelles ce qu'il désapprouvait peu avant. Il racontera cette guerre dont il était disposé la veille à penser que ça n'est pas bien qu'elle devienne un thème littéraire.

Voyons clair et net. Les hommes vivent dans les idées. Aux soldats qui sauvent la France, c'est rendre le plus bel hommage et un vrai service que de peindre leurs efforts, leurs sacrifices et leur gloire.

Et qui peut le faire mieux que l'un d'eux ? Ils sont mille, ils seront dix mille les soldats écrivains. Tant mieux. On demande à nos blessés qu'autant qu'ils le peuvent, ils racontent pour l'univers et pour les siècles les grandes choses dont ils furent une part.

Après avoir sauvé la France, qu'ils aident les peuples à la connaître.

Des livres comme le vôtre, mon cher lieutenant, nous rendent intelligibles les forces qui viennent de nous donner la victoire. Elle nous fut donnée essentiellement par les chefs de section et par leurs poilus. Vous nous faites vivre dans leurs tranchées et dans leur atmosphère spirituelle.

Votre livre est d'un vrai poète ; votre livre est un poème plein de sensibilité et d'énergie. En vous lisant, à chaque page on vous remercie et l'on remercie, l'on aime en vous tous vos frères d'armes.

BIBLIOTHÈQUE NATIONALE

Maurice BARRÈS.

A la Mémoire

de mon Frère RAYMOND

Mort au Champ d'Honneur

en Lorraine

le 1er Septembre 1915

pour que son Souvenir

se perpétue

et se transmette.

« Le grand peuple silencieux des tranchées ».

M. Barrès.

I

Les Trains.

I

LES TRAINS

La guerre, la guerre...

Ne l'entendez-vous pas, dans ces gares illuminées d'où monte une rumeur étrange? Ne l'entendez-vous pas dans les jets de vapeur des lourdes machines, dans les sourdes et hâtives pelletées de charbon dont on gorge les chaudières, dans le cliquetis des chaînes qu'on accroche, dans le heurt répété des wagons, dans les longs cris angoissants, plaintifs, éperdus que jettent dans la nuit noire les premiers trains de guerre?

Ne l'entendez-vous pas dans les appels, les cris, les adieux qui s'exhalent comme des plaintes, des gorges sèches?

La guerre...

Ne la voyez-vous pas dans le moutonnement confus de la foule qui se presse aux barrières des gares, dans la lumière vive des yeux qui supplient, qui espèrent, qui s'affolent?

Ne la voyez-vous pas dans ces mains frémissantes qui s'agitent, se tendent, se crispent en d'incessants gestes d'adieu, comme autant de feuilles que tourmenterait un vent d'orage?

Dans ces mains brûlantes qui, tout le long des voies étroites, semblent applaudir au départ des jeunes hommes : mains suspendues en grappes aux fenêtres comme des guirlandes de fête ; mains roses et vives des jeunes filles, mains lasses et lentes des vieilles gens aux gestes tristes et froids comme des brumes d'hiver.

Au loin, illuminant la transparence laiteuse du soir, la gare resplendit de tous ses feux : feux verts, feux rouges des hauts signaux élancés qui, suspendus dans la nuit, veillent comme des yeux ardents sur tous ces trains obscurs. Feux brillants et dorés des quais, dont la lumière court sur les interminables trottoirs ; feux balancés aux bras des signaleurs que l'on voit poindre et s'enfuir en une lente cadence décroissante.

Les voies sont luisantes. Le vent est mou et tiède, enveloppant. Les falots rouges des disques projettent sur les talus pierreux leurs reflets changeants. Les postes d'aiguillage, ici et là, brillent comme des usines et leurs lampes aveuglantes éclairent les rails qui, comme les fils d'un puissant métier, s'allongent, s'accompagnent, se divisent et s'enfuient sous la pesante navette des trains en marche.

Ils passent, ces trains inconnus, longs et noirs comme des fantômes. Ils courent sur les voies désertes et traversent en trépidant les gares tumultueuses. Ils tressaillent aux aiguillages comme s'ils se réveillaient d'un songe, scandant leur marche de sursauts saccadés. Ils crient, ils appellent, et leurs sifflets percent la nuit, assourdissants, obstinés.

Ils passent, ils passent les trains inquiets, les trains fiévreux, lourds de toutes les vies qu'ils emportent. L'âme des villes, au passage, les anime.

Ils convoient les espoirs, les rêves, les amours de tout un peuple. Ils répondent aux adieux muets qu'adressent à ces wagons obscurs tous ceux qui restent seuls : vieux parents accablés, mères recueillies, épouses craintives, blanches fiancées désolées.

A ceux qui désespèrent, ils crient leur tendresse déchirante et leurs espoirs, fiers et jeunes comme leurs cœurs. A ceux qui pleurent et qui regrettent, ils témoignent la force de leur amour et leurs cris sont brûlants comme des baisers d'adieu.

Cris vibrants, symbole de la race !... Ils sifflent la fièvre de ces jours d'angoisse et d'attente, l'activité troublante des villes qu'ils tiennent en éveil. Ils sifflent la force, la confiance de la Patrie, le réveil des énergies, l'union des cœurs; et leurs clameurs se mêlent et s'enlacent aux chants qui montent des wagons, monotones et graves comme les complaintes de ceux qui partent en mer.

Ce sont eux qui portent, à travers les plaines, l'appel aux armes.

Nouveaux hérauts d'une nouvelle guerre, ils proportionnent leurs appels au nombre des barbares qui envahissent notre frontière.

« Villes et villages, éveillez-vous !... Veillez avec nous qui passons !

« Que les blés frissonnent; et vous, labours somnolents, recueillez-vous !

« Levez-vous, campagnes ! Armez-vous, les villes !

« Que tout le peuple de France se dresse aujourd'hui !

« Vous-mêmes, ô Morts taciturnes, écoutez !

« Que vos âmes obscures nous accompagnent jusqu'aux limites de cet horizon où nous attaque l'ennemi.

« L'ennemi, l'ennemi !...

« N'entendez-vous pas déjà ses pas lourds qui frappent notre sol?

« Eveillez-vous à nos appels. Nous annonçons la guerre.

« Nous sommes vos fils, vos frères, vos amants, et nous allons mourir !... »

Les trains ont fui dans les campagnes désertes. Ils poursuivent, insaisissables, leur course frénétique. Ils grondent dans les vallées rocheuses et glissent, silencieux, dans les brumeuses plaines. Ils fuient et leurs appels incessants déchirent la nuit.

Leurs cris se perdent dans ces longues étendues mornes : cris d'hommes jeunes et fiers, cris sauvages, cris de guerre.

Et de chaque wagon aux parois funèbres, filtrent de petites lumières tremblantes, tenaces et chaudes comme des veilleuses. Ces trains vivent, tressaillent et ressemblent à une suite de petites chapelles ardentes, où des milliers de cœurs d'hommes se recueillent et s'offrent pour le prochain holocauste.

Août 1914.

II

Première Nuit de Guerre.

II

PREMIÈRE NUIT DE GUERRE

C'est ma première nuit de guerre, ce soir : nuit froide, nuit claire, nuit radieuse. Nous allons, en une longue file de silhouettes silencieuses et grises, sur la route durcie par la gelée où nos pas sonnent longuement. La lune caressante enveloppe, embrume nos ombres mouvantes : elle idéalise nos gestes, les fait mystérieux, étranges.

Quelques arbres, déchiquetés par les obus, dressent encore leurs troncs hachés, comme des calices.

Nous allons, par petits groupes frileux, furtivement, dans cette plaine trop claire. Par petits groupes compacts, heureux de mettre en commun les souffrances, les afflictions, les regrets, qui, pendant quelques jours, vont nous hanter de plus près ; heureux de nous resserrer pour nous protéger contre le froid, contre la nuit, contre les ombres rôdeuses qui nous environnent, contre les blessures saignantes, contre la mort. Notre esprit est trop las, trop engourdi pour réfléchir, pour se plaindre, même pour espérer. Il fait froid dans notre chair et dans notre âme, et tandis que nous serrons l'écharpe de laine qui nous protège le visage, nous nous renfermons en nous-mêmes, nous recroquevillons nos corps et nos cœurs, pour nous mieux défendre contre ce vent froid qui nous glace.

Mes yeux sont avides de sensations. Voir ! Voir !... Que de choses je vois en cette nuit limpide : nuit d'hiver, première nuit silencieuse ! Nuit troublante par son calme, sa sérénité railleuse.

Il me semble que mes yeux n'arriveront point à fixer toutes les impressions qu'ils recueillent ; que mon esprit ne pourra les retenir, les graver dans ma mémoire. Impressions brûlantes, dévorantes. Tout me semble neuf, et de fait, tout est d'un autre ordre. Si la terre et le ciel sont les mêmes, il flotte sur ces champs déserts un désarroi, une angoisse obscure qui m'étreint.

Jamais mes yeux n'avaient tant « vu » ; mes pauvres yeux de vingt ans qui s'ouvraient à peine sur le monde.

J'étais jeune, et voici que soudain la guerre m'a happé comme une proie.

La guerre ! Oui, c'est elle qui m'a tiré de mes

rêveries d'enfant, closes de hauts murs comme les jardins de province. C'est pour elle que je suis là, en ce pays inconnu, en cette froide et triste Lorraine, par cette nuit d'hiver, à côté de ces hommes dont le piétinement sourd roule dans le silence.

Les fusées éclairantes brillent, rapides, lointaines. Leurs reflets avivent les lumières et les ombres, et de larges taches lumineuses courent, se croisent, se multiplient, couvrant le sol dénudé, crevassé, de leurs fugitives transparences.

Il ne semble pas que ces lueurs puissent être un présage de mort. Et l'on se croit plutôt par cette nuit limpide, en face de féeriques illuminations qui, d'un bout à l'autre de la plaine, marquent dans le ciel obscur, en lettres de feu, leurs signes éphémères.

Nos pieds se heurtent soudain à de lourds amas de poutres enterrées, à des fossés qu'il nous faut aveuglément franchir.

Des ruines ! Un village !

De longues pierres de taille encombrent le maigre sentier que nous suivons en file indienne, tandis que nos frêles silhouettes noires, éparpillées, se dessinent sur l'horizon clair, comme sur un écran.

Ces murs effondrés, troués, me tirent de la rêverie, de l'extase où me plongent toutes ces impressions nouvelles, trop accumulées. Jusque-là, je rêvais à la guerre, et voici que soudain, d'un coup, je la touche.

C'est *Flirey, Flirey en Woevre.* Ce petit village riche et recueilli que j'imaginais. Les ruines s'entassent en débris informes. Des ruines tristes, moroses, misérables, qui gardent seulement l'empreinte du pillage et de l'incendie qui les ont éventrées ; ruines de guerre, honteuses de montrer les pauvres intérieurs qu'elles gardaient : honteuses par une sorte de pudeur de femme, sensible à ceux aussi qui traversent ce village mort, et qui n'osent point fouiller ces maisons, parce qu'elles sont abandonnées.

Nos pas sèment dans ces rues désertes un semblant de vie : chuchotements sourds, heurt des baïonnettes, clapotement des casques contre les fusils, cheminement endormi de soldats fatigués.

Mais sitôt notre petite troupe passée, je sens le village s'enfermer à nouveau dans son deuil, dans sa détresse, dans cette nuit que les lampes familières ne viennent plus éveiller, et que seules parcourent, comme de longs frissons lumineux, les blanches traînées silencieuses des fusées.

Des balles ! les premières ! Des balles chantantes, lointaines, qui s'écrasent contre les pierres d'un coup sec. Ce ne sont pas des balles méchantes, sournoises, comme je le croyais. Elles seules peuplent la solitude du village. Des balles déjà familières.

Les murs dénudés prolongent, amplifient notre piétinement monotone, et ce silence qui nous précède, nous entoure et nous suit, épouvante nos pas hâtifs.

Les reflets de lune agrandissent encore les ruines, les rendent plus profondes, plus insondables.

Voici que j'ai peur à présent ; non de la mort que je devine et vers laquelle nous courons, mais j'ai peur de ces intérieurs vides, de ces portes arrachées, de l'ombre qui hante chaque demeure démantelée. Chacun de ces foyers avait une âme qui vit encore et qui m'effraye.

Le clocher !..... Il m'apparaît soudain à la brusque clarté d'une fusée qui caresse de taches bleutées, sa masse grave.

Il est là, debout encore, dressant sa haute stature frêle au-dessus de ces ruines qu'il garde. Il est là, déchiqueté par les obus. Toute une face de sa muraille est tombée, laissant à jour deux verrières vides, par lesquelles on voit resplendir la lune, calme et blanche.

Il est là, il domine, il s'impose.

Et nous tous, qui marchons, aveugles, dans cette nuit de relève, craignant de songer, craignant de comprendre trop tôt notre destin, nous levons les yeux vers lui ; vers lui qui se dresse toujours comme un squelette de pierre. Il se dégage de ces hautes murailles lézardées, aux larges fenêtres ouvertes sur l'éternité, une grandeur réelle et triste, triste à pleurer. Avec les prières sont mortes les cloches, mais élevant désespérément sa tête fière au-dessus de cette désolation, le haut clocher ajouré croit et vit encore pour tous les foyers dévastés.

Nous avons atteint, songeurs et las, les dernières maisons, les dernières ruines. D'un coup, nous nous trouvons face à l'horizon, face aux tranchées que nous devons garder ; face à la mort, que pour la première fois, ce soir, j'affronte.

Mais toute ma jeunesse bout en mon cœur, et me garde et me protège. Que puis-je craindre? Voici que déjà j'ai vu la guerre, le front, la nuit lumineuse de l'avant-ligne. J'ai entendu les aboiements des batteries. J'ai senti les balles me frôler. Mon corps s'est frotté à la boue qui façonne les soldats. Déjà je suis un autre. Une sorte d'ivresse me gagne. Je suis fier. Je suis un homme. Je suis un soldat. Pour la première fois, je vis !

Et d'un pas grave, mais sûr, je me suis engagé entre les larges parapets obscurs qui vont me conduire en ligne.

Janvier 1915.

III

Nocturne.

III

NOCTURNE

Il pleut, ce soir, une petite pluie fine, glacée, silencieuse. Il pleut, et la nuit est noire, si noire que nous sommes obligés de marcher à tâtons dans nos tranchées boueuses. Nos mains craintives s'agrippent aux parapets gluants.

Il pleut tristement : pluie mystérieuse qui nous embrume et nous étreint le cœur. Nos âmes comme nos corps frissonnent à ce contact froid qui nous transperce par cette nuit obscure, nuit d'angoisse, nuit sans lune, nuit sans espoir.

C'est peut-être la Mort qui déjà nous souffle son haleine glacée. J'ai peur de ce vide, de l'épaisseur de cette nuit. Je tiens mes lèvres closes, craignant de respirer cette ombre malsaine.

Je poursuis à pas lents ma ronde solitaire... Je ne sais où je suis, où je vais, d'où je viens. Je ne vois rien : seul le crépitement de quelques grenades trouble le silence. Peut-être suis-je aveugle? C'est la nuit, la guerre !

Une ombre se meut devant moi : je ne la vois pas, je la devine, je la sens. Une fusée lointaine court dans les brumes mouvantes. C'est bien un guetteur : je distingue une forme compacte, accroupie sur le parapet, taciturne. La pointe aiguë de sa baïonnette qu'il tient pressée contre lui, brille faiblement, à la lueur vive des coups de feu. Parfois je distingue un coin de visage enfoui dans le noir.

Ses yeux brillent comme ceux d'un fauve ; on croirait que cette pointe de baïonnette illumine ses yeux.

Je monte, tâtant des coudes les parois, sur le rebord de boue où il se tient.

« Rien de neuf. » Les mots sont rares, la nuit : nos lèvres sont froides et rudes comme des lèvres de pierre. Les voix résonnent trop longuement dans ce grand vide sombre que tous deux nous contemplons, muets et graves. Les fusées éclairantes font glisser sur nos corps une lumière rapide, changeante ; nos silhouettes se découpent comme des profils de médaille. Puis, plus rien. Nos yeux sont plus obscurs. La nuit est plus trouble encore.

Je crois être perdu en ce coin de monde avec cet homme qui veille à mes côtés. Nous veillons, c'est-à-dire que d'autres dorment là-bas et comptent sur nous. Nous sommes leurs yeux.

Là-bas... mais où est-ce donc là-bas? Où sont nos camarades, où sont nos chefs, où est le pays que nous défendons, où est notre patrie, celle à qui nous avons donné nos corps comme frontière?

Rien. Silence. La nuit est toujours plus noire ; la pluie gerce nos mains. Nous ne pouvons pas appeler, nous ne pouvons pas crier : l'ennemi est trop près. Lui seul écoute et nous guette dans l'ombre. Et puis cette nuit est trop épaisse, et notre voix se briserait comme un écho contre une muraille.

Nous sommes deux à veiller. Sommes-nous seuls? Non, nous le savons bien. D'autres sont là tout près, et cependant nous ne le croyons pas tant l'ombre nous isole.

Nos deux cœurs, comme nos silhouettes, se confondent, se mêlent. Nos corps tressaillent ensemble, s'inquiètent et s'angoissent aux mêmes bruits; une même volonté semble commander à nos nerfs. Nous sommes un seul être dont les sens sont doublés.

Il en est ainsi de tous les soldats qui veillent, de tous les soldats qui souffrent, de tous les soldats qui combattent. Leurs âmes s'unissent et leurs cœurs se soutiennent, car leur misère est la même. Ils ne sont plus et ne veulent plus être des hommes : ce sont des soldats, fiers de leur âme commune.

O nuits d'attente, nuits de veille, nuits de combat. Je ne sais encore si votre mystère, votre solitude exaltent ou lassent notre courage. Nuits interminables où nous sommes trop seuls avec nous-mêmes ; trop seuls à penser, à craindre, à espérer. Nuits d'hiver, froides et anxieuses, où nos yeux ne voient que l'ombre, où nos oreilles attentives guettent les bruits incertains, menaçants, de là-bas, là-bas, l'avant-ligne...

Nuits où nos sensations s'accumulent, s'entassent en nous-mêmes au point de crisper nos nerfs et nos muscles, et de nous halluciner. Nuits où l'on croit voir les ombres ramper ; où l'on croit entendre la boue s'agiter ; où le silence, l'angoisse vous étreignent ; là, tout près, en avant de ce parapet croulé dans lequel s'enfonce notre corps, où nos mains se déchirent...

Oui, l'ennemi est là, en face ; là où la nuit est plus opaque encore; là où mes yeux, où nos yeux se fixent comme des veilleuses. Nous ne sommes séparés que par quelques mètres de nuit.

C'est l'ennemi, celui que je hais. Je le guette avec toute l'énergie anxieuse que m'a léguée ma race.

Il est là. Lui aussi me guette. Je crois voir ses yeux luisants. Les coups de feu font dans l'ombre de longues traînées rouges, sanglantes, agressives. Les balles chantent : les unes très hautes, joyeuses, lointaines ; d'autres plus basses, méchantes et sournoises : celles qui vous tuent par surprise.

Parfois le feu cesse des deux côtés quelques secondes. On s'étonne d'entendre ce silence que l'on ne connaissait plus... Puis la fusillade reprend, violente, précipitée.

Ainsi dans toute cette terre mouvante que peuplent les hommes de guerre, des prunelles ardentes veillent et s'embrasent.

Les fusées silencieuses caressent de leur fugitive clarté les ombres de ces guetteurs de nuit, accroupis dans la boue : ils ne font qu'un avec cette terre qu'ils défendent depuis si longtemps.

Leurs casques polis jalonnent cette boue qui limite leur patrie : frontière mystique, faite de leur corps dédaigneux et de leurs armes féroces.

Et de même que les anciens bergers allumaient, de montagne en montagne, de grands feux clairs pour signaler l'approche de l'ennemi ; ainsi leurs baïonnettes ardentes brillent de loin en loin dans cette boue tenace et se transmettent, vigilantes et fières, l'éclat de leurs pointes d'acier.

IV

La Houblonnière.

IV

LA HOUBLONNIÈRE

La houblonnière ! Son nom seul nous hante !

Pour nous, soldats, il n'en est qu'une en Lorraine. Celle que nous connaissons, celle que nous craignons ; la houblonnière sanglante qui a vu déjà tant de luttes furieuses, de luttes perfides, obscures ; à l'ombre de laquelle tant de patrouilles se sont mutuellement étranglées. Les feuilles enlaçantes étouffent les cris et les râles : l'herbe épaisse cache les cadavres, jalousement.

Nous sommes là, rampant dans les hautes touffes épineuses. Habitués à cette guerre sauvage, nos corps ne font qu'un avec le sol.

Une fois de plus, nous allons « reconnaître » cette houblonnière et voir si les cadavres qui la peuplent sont bien des morts. Souvent l'ennemi se glisse parmi ces morts, approche insensiblement de nos sentinelles, et, tout à coup, leur saute à la gorge. Il faut donc aujourd'hui nous couler jusqu'à ce sépulcre vivant pour déjouer la ruse macabre.

Disséminés en demi-cercle, nous nous insinuons sans bruit, de trou en trou, nous aidant des coudes et des genoux. Nos corps déséquipés sont souples et se fondent dans les multiples aspérités du sol. Nos yeux scintillent. Ne sommes-nous pas des familiers de ces rondes nocturnes?

C'est pour nous une heure de liberté : liberté grisante, dangereuse. Cette avant-ligne est notre domaine : l'obscurité diffuse l'agrandit et la transforme en une terre de rêves. Nous ne sommes plus que des ombres glissant parmi les ombres.

La lune veille silencieusement sur nous et nous protège ; nous voyons sans être vus.

La houblonnière est là, en avant, dans cette claire pénombre où flottent des brumes ; quelques perches noires, minces et frêles, se dressent encore comme une forêt hachée.

Tout est calme. Nos yeux épient les moindres ombres ; nos oreilles s'inquiètent des bruits les plus lointains. Le calme même de la nuit nous paraît étrange, nous affole... Nos mains s'accrochent à la terre. Les herbes, les ronces nous déchirent le visage.

Comme elle est loin cette houblonnière, qui

dans le jour nous fascine par son voisinage mystique!

Les perches de houblon étendent au loin leurs silhouettes maigres. Ne dirait-on pas qu'elles tremblent, qu'elles s'enfuient?

Quelle est cette ombre? Mes mains se crispent sur l'acier froid de mon fusil. Mon poignard que je porte au côté traîne dans la terre, s'accrochant aux herbes épaisses.

Cette demi-clarté de la nuit nous abuse. Elle nous cache les noirs trous d'obus où l'on s'enfonce, les fils barbelés où les mains se déchirent. Son velours laiteux recouvre les embûches, les replis de terrains perfides, les morts.

Nous approchons: l'ombre se fait plus obscure. Nos capotes grises s'estompent dans la clarté bleuâtre du sol. Je distingue seulement de petits monticules terreux qui s'avancent à mes côtés.

Par instants, luit la pointe d'une baïonnette, méchante comme un couteau. Parfois une fusée éclairante nous fait entrer dans le sol. Nos casques émergent faiblement. Nos bouches halètent. Le globe lumineux court silencieusement dans la nuit. Il s'enfuit et meurt, lointain. Vite, nous reprenons notre course rampante.

Ah ! nos mains s'accrochent aux premières tiges de houblon. C'est là !...

La houblonnière nous guette, nous attire. La lune la rend moins hostile. On dirait un vaste cimetière de géants, pointant au ciel de minces croix funèbres.

N'est-ce point cela d'ailleurs? Lugubre cimetière d'avant-ligne où les morts n'ont pour sépulcre que ces longues feuilles enlaçantes !

Les morts? Ils sont là, après des mois et des mois, brûlés par tous les soleils, lavés par toutes les pluies. Leurs squelettes livides dressent de loin en loin leurs membres raidis en un long geste d'agonie. Ils sont là, en bandes compactes, sans qu'aucune accalmie nous ait jamais permis de les ensevelir, de les sortir de nos yeux, de notre imagination, de nos souvenirs.

Ils sont inertes, mais ils nous hantent.

Aussi tenaces que les vivants, ils bornent nos lignes comme des statues de pierre ; symboles des luttes acharnées qui les ont vus tomber sans un cri, stupéfiants de vigilance muette. Ils n'ont point voulu abandonner leur tâche, jugeant que leur sacrifice n'était point complet encore. Ils veillent en avant de leurs frères vivants, interdisant à l'ennemi, de leur geste éternel, l'accès des terres qu'ils gardent en silence.

Eux aussi attendent, obstinés, d'heure en heure et d'année en année, le jour de la résurrection de leur patrie. Leurs cœurs vivent encore : ils ne consentiront à prendre leur place parmi les morts que le jour où l'on pourra les ensevelir librement dans la terre qu'ils jalonnent. Tout autre sol serait trop lourd pour leurs vastes poitrines ; et peut-être que le jour de la délivrance, nous les verrons, eux aussi, nous montrer de leurs bras de pierre, le chemin par où s'est enfui l'ennemi.

Comme nous, ces morts étaient partis en patrouille, avaient rampé dans l'herbe ; comme nous ces morts avaient craint, avaient espéré, comme nous ils avaient redouté la houblonnière ; comme nous ils avaient eu peur de frôler des morts. Ces morts, hier encore étaient nos camarades, nos frères, nos amis ; aujourd'hui ils sont immobiles, muets. Nous ne les connaissons plus : leurs attitudes immuables nous épouvantent.

Ce n'est point notre marche rampante qui nous effraye : c'est le geste que nous avons à faire pour enjamber ces morts.

A mon tour, je redoute d'être un mort parmi

ces morts ! Oh ! tomber près de l'un de ces cadavres... Sentir mon sang chaud abreuver son squelette immobile...

Mais où sont donc mes camarades? Je ne distingue qu'une ligne serpentante d'ombres figées. Quels sont les vivants? Quels sont les morts?

La houblonnière surexcite nos imaginations fiévreuses ; la lune claire semble jouer au travers de ces hautes perches : elle les fait remuer, vibrer.

La houblonnière vit et tressaille. Ne dirait-on pas qu'elle s'avance? Les ombres ont l'air de vouloir nous enlacer. Les tiges rampantes nous entravent les jambes, les genoux, les mains ; elles veulent nous retenir, nous garder.

La houblonnière est hostile. Elle nous menace. Elle envie notre jeunesse, notre force. Le contact de nos corps brûlants la réveille ; elle nous désire, elle nous aime. Les ombres des hautes perches sont des bras prêts à nous saisir...

Mais non, tout est immobile. La nuit est silencieuse. Le choc clair des baïonnettes me fait sentir que je ne suis pas seul vivant parmi les morts.

Peu à peu, je vois sortir de l'épaisseur des feuilles et se dégager, les corps de mes camarades ; nous échangeons quelques mots à voix basse. Nos yeux n'ont rien vu d'anormal. La houblonnière est bien morte ce soir.

Comme nos voix sonnent étrangement ! C'est ainsi, sans doute, que parlent les Ressuscités...

Nous sommes tous là. En avant !

La nuit nous paraît plus claire, l'air plus léger. Nous avons hâte de quitter cette terre des morts.

Fuyons, de peur qu'un cadavre ne nous appelle d'un geste lent et ne nous demande de l'emmener chez les vivants.

V

Lumière.

V

LUMIÈRE

Le ciel devient transparent et rose : de légères brumes lumineuses succèdent aux pâleurs lunaires. Les crêtes des parapets se dorent de reflets changeants, fugitifs, et, à l'horizon, les bois obscurs d'où le soir, partent les grands éclairs farouches de l'artillerie, déchirent l'ombre somnolente qui les étreint.

Les frênes aux feuilles d'argent, les sycomores échevelés, bruissent au loin dans un imperceptible murmure de vie renaissante, de lumière.

C'est le soleil et son éternel mirage d'été.

Le paysage confus vibre et tressaille.

La tranchée surgit de l'ombre avec ses replis tortueux, ses abris humides et ses parapets que les balles écrêtent.

C'est l'été, le bel été aux nuits courtes et claires, aux tendresses nonchalantes : l'heure où le cœur s'arrête de vivre pour aimer sa vie.

Nos abris pourris se transforment dans la clarté rouge de l'aurore et semblent se revêtir d'une parure de fête étincelante. Nos peines, nos misères s'estompent, disparaissent.

C'est le soleil, le beau soleil et sa troublante fécondité.

Au loin, de longs frissons lumineux courent dans les herbes hautes, se croisent, se frôlent et s'étalent en un doux rayonnement d'or vert. C'est la vie, la vie à laquelle nous n'osions plus croire, la vie éblouissante.

Cette lumière embrase nos cœurs, et nos poumons aspirent plus avidement l'air tiède. Nous oublions pour quelques instants nos paysages mortuaires, nos veilles sanglantes. Nous ne voyons plus la tranchée dont le nom seul résonne lourdement, les fils barbelés qui bornent l'horizon et nous emprisonnent le cœur ; nous ne voyons que ce soleil qui pour nous, chaque jour, semble créer la vie.

Et nos yeux, nos yeux de soldats, craintifs et las, s'ouvrent éblouis et demeurent en extase : cette lumière chasse peu à peu les ombres que les nuits de veille et les rêves obscurs avaient laissées au fond de nos prunelles, comme ces brumes épaisses qui traînent sur les étangs de Lorraine, à l'aube des nuits orageuses.

Mai, mois de mai, joli mois de mai...

Nous négligeons nos haines et nos angoisses, et voici que nous ne sommes plus, parmi les herbes folles, que des amoureux de la vie. Nous prenons mieux conscience de cette tendresse et sentons mieux la force de notre attachement à cette vie qui nous fascine et que nous aimons d'amour.

Mai, mois de mai... Peut-on mourir en mai, alors que la vie est si féconde? Il semble que la nature prenne soin de nous cacher toute l'horreur de la guerre. Les aubépines en fleurs scintillent au soleil et les coquelicots ardents nous voilent les petites croix sous lesquelles dorment nos frères.

Griserie?... Qu'importe! Laissons-nous griser, enivrer par cette lumière qui, pour quelques heures, transfigure nos misères et nos deuils, par cette lumière qui a pitié de nous.

C'est l'heure de vivre. Vivons ardemment, malgré la solitude de nos cœurs; vivons avec toute notre jeunesse, tout notre enthousiasme, avec tout le feu qui brille encore dans nos yeux profonds.

J'aime les illusions et les songes qui « endorment », parce que je sais que ce sont des songes incertains, éphémères, insaisissables comme des fumées. Je les aime.

Il est bon, aux heures où nous souffrons trop, où nous sommes près de faiblir, que nous nous laissions apaiser par cette demi-somnolence, pour renaître plus forts. L'illusion est peut-être le vrai nom du bonheur, et j'aime, et je suis heureux de m'abandonner au soleil, opium d'oubli et d'amour, qui me fait encore croire en la vie.

Oui, nos cœurs ténébreux s'épanouissent et s'unissent dans cette lumière troublante : avec les petites fumées de nos foyers à demi-éteints, monte, en ce matin de pure clarté, un hymne à la vie, un hymne incessant, rêveur, enthousiaste.

Oui, nous croyons en la vie, avec toute l'extase de notre foi, toute la fougue de notre jeunesse. Nous croyons en l'excellence de la vie tumultueuse et féconde, qui régénère et qui grandit. Et si cet acte de foi est insensé, c'est un acte sublime, nécessaire comme un holocauste, pour maintenir nos courages et nos volontés hors de cette boue qui nous enlise le cœur.

Nous sommes jeunes, et c'est si beau, la vie !

La vie?... Elle est partout, ce matin ; elle est dans ce vent frais qui dissipe l'humidité pesante de la nuit, dans ce vent que nous buvons à pleine poitrine. Elle est dans ces pauvres champs meurtris mais radieux, où le printemps s'épanouit au milieu des coquelicots sanglants et des buissons épais.

La vie?... Elle est surtout dans nos cœurs, tristes peut-être, mais ardents ; dans nos cœurs qu'elle fait vibrer, qu'elle fait espérer. Elle est dans nos pauvres rêves nocturnes de soldats, dans nos yeux qui sont demeurés hardis et fiers, dans nos amours, dans notre haine.

La vie?... Mais c'est nous-mêmes, soldats boueux, enfouis dans la terre, mais que le soleil illumine.

Nous l'acceptons telle qu'elle est, et dédaignons notre malheur. Peu importe que nos illusions soient folles et nos espoirs téméraires: nous croyons, et c'est là le secret de notre force.

Ne pouvant jouir de cette vie pour nous-mêmes, nous la vivons à la manière d'une épopée, d'un poème vibrant ; le Poème de l'Espoir et de la Gloire.

La Lumière éclaire nos âmes; nous ignorons la Nuit.

Et, tous, pauvres soldats aux membres raidis par l'humidité de la nuit, las de nos veilles, las de nos misères, las de nous-mêmes, nous sortons de nos trous fangeux où la froide obscurité nous avait entassés. Nous sommes là, immobiles, anxieux, comme à l'attente d'un spectacle ; étonnés de sentir cette lumière pénétrer dans nos âmes obscures, crispant nos pauvres mains terreuses aux parapets croulants. Nous sommes là, religieusement émus de voir poindre cette vie nouvelle qui soudain nous inonde de sa sève lumineuse.

Et nos capotes boueuses s'émaillent de reflets roses, enlaçants comme de lourdes dorures.

VI

La Mine.

VI

LA MINE

Les coups de pioche sonnent mat dans la terre, croulante et tiède comme de la cendre. A chaque effort, roulent les mottes arrachées qu'accompagnent de minces jets de terre, que l'on voit s'égoutter, semblables aux blondes cascades des sabliers.

Ce soir, au crépuscule, la mine a sauté ; la mine aveugle, sournoise, fatale.

Le sol a oscillé comme pour un monstrueux enfantement. Une gerbe de pierres et de terre a jailli comme une lave de volcan. Des quartiers de roches, des poutres, des racines, sont retombés autour de nous, avec un martèlement sourd, brisant les épaules, crevant les casques. Une large crevasse s'est ouverte dans notre tranchée, phosphorescente, fumeuse, béante comme une mâchoire de feu, enlisant les guetteurs, écrasant les abris.

Les abris où des hommes dormaient, insouciants et las !...

Des entrailles du sol est sorti un grondement

sourd, puissant ; un mugissement pareil au bruit de la mer. Puis, plus rien : un silence lourd d'angoisse, de détresse, un silence de mort.

La mine a fait son œuvre : toute une section est emmurée, disparue.

La terre s'est refermée comme une vague, et ses lèvres chaudes ont bu, ont happé, joyeuses, enivrées, toutes les vies de ces jeunes hommes.

Dès que la nuit est devenue assez opaque, nous nous sommes glissés jusqu'au cratère que bordaient les flammes vives des grenades, espérant encore extraire de cette terre avide quelques hommes vivants.

Mais voici plusieurs heures que nous piochons, creusons, arrachant la terre avec nos ongles pour hâter notre tâche. Rien n'a encore répondu à nos efforts.

La nuit est noire, trouble, impénétrable, et le cratère où nos pieds s'accrochent est silencieux et fourbe comme un gouffre. Il ne reste plus des abris que quelques poutres disjointes, informes : des planches submergées par la terre. Cependant un interstice entre deux madriers nous permet à présent de passer la tête pour écouter.

Au début, nous avons cru entendre des plaintes lointaines, imprécises. Oui, des plaintes, des haleines, un souffle de vie. Des appels même ; mais si faibles, si confus, qu'ils nous effraient.

Tour à tour, nous écoutons, écartant de nos muscles raidis les poutres boueuses. L'un entend ce que l'autre a cru percevoir.

« Là, à droite. Là, écoute. Là, les camarades enterrés. Là, qu'ils agonisent. »

Cet espoir double nos forces. Nos pioches se heurtent dans la nuit, et nous ne savons si c'est de la terre ou de l'ombre que nous arrachons.

La nuit élargit l'ouverture de l'abri que nous nous obstinons à vouloir dégager. Des grenades crépitent tout autour de nous, illuminant le sol de courts reflets fauves.

L'un de nous réussit à glisser ses épaules entre les rondins. Anxieux, nous regardons son corps s'enfoncer insensiblement dans ce sol mouvant. Nous entendons sa voix sourde et voilée par la terre, appeler, appeler, crier, pour donner espoir à ceux que nous cherchons.

Mais cette fois, rien ne répond. Aucun son, aucun cri. Un silence atroce, pesant de tout le poids de cette terre fatale.

Le gémissement des pics contre le bois des poutres redouble nos angoisses. Et tandis que nous soulevons un madrier pour ouvrir une nouvelle brèche, une lourde motte de terre glisse malgré nous. Elle glisse, échappant à nos mains crispées, à nos pioches enterrées, et ensevelit, comme une dalle sur un tombeau, la maigre trouée que nos efforts de toute une nuit avait ouverte.

Nous restons là, sans un geste, muets, inertes, stupéfiés, n'osant pas comprendre, à demi ensevelis nous-mêmes.

Nerveux, irrités, nous nous sommes cependant ressaisis pour arracher à cette terre aveugle son secret et ses vies humaines. Nos pics la frappent comme des épées, mais les coups n'ouvrent que de vaines et fugitives blessures. Nos corps s'arcboutent contre le parapet boueux, qui peu à peu s'émiette, s'affaisse, comblant les brèches que creusent nos pioches.

Devant l'inanité de nos efforts, insensiblement s'usent nos forces. Nos bras deviennent raides et gourds.

D'un coup notre courage s'abat ; et tandis que quelques-uns pour calmer leur angoisse, creusent encore la terre hostile de leurs mains lasses, d'autres s'étendent sans bouger, craintifs, anxieux.

L'ennemi contre lequel nous avons à lutter maintenant est plus fourbe, plus perfide que l'autre. Ce n'est plus celui qu'on guette, qu'on tue : l'homme que nos mains palpent et que nos bras étouffent. C'est la terre, c'est la boue, c'est la nuit. La terre lourde, obstinée, fuyante, féroce, qui ensevelit peu à peu, silencieusement ; la terre où se brisent nos forces de soldats, la terre qui use nos courages ; la terre qui noie, qui submerge avec ses vagues incessantes.

Le sol s'est ouvert comme la mer engloutit un vaisseau qui sombre. Et maintenant que les corps de tous ces hommes happés, s'enfoncent à jamais dans ces entrailles obscures, cette terre s'égalise comme les flots que caresse un vent léger. Les trous se comblent, les crevasses s'effacent, et les parapets s'écroulent, étendant sur ce néant, pour nous en faire oublier l'horreur, leurs cendres chaudes.

Eperdus comme des naufragés, nous crispons nos mains aux poutres des abris qui, çà et là, surnagent, comme, en un geste instinctif d'effroi, on s'agrippe à des épaves.

VII

Clair de Lune.

VII

CLAIR DE LUNE

La lune s'est levée, molle et indécise. Une lune pâle, flottant entre les brumes lointaines de l'avant-ligne.

Penché à l'avant de la tranchée, qui, pareille à la proue argentée d'une trirème, fend silencieusement des flots verts, je contemple la nuit claire dont les moutonnements opaques bornent l'horizon.

Des blancheurs brillent sur les parapets sinueux comme les crêtes écumeuses des vagues, et les sillons obscurs des tranchées se déploient et s'enfuient, semblables au sillage régulier de la mer.

Je ne sais où me conduit ma destinée, où s'enfonce la carène boueuse de ma mystérieuse galère ; j'ignore les sourdes tempêtes qui m'attendent, et mon cœur, las et recueilli, se laisse délicieusement entraîner par les mirages lunaires.

Je songe, accoudé au parapet comme un timonier à la barre, guidant mes rêves, mes espoirs et ma vie, sur la course paisible et monotone de cette lune sereine, que mes yeux anxieux voient peu à peu se dégager des humidités malsaines de la nuit, monter au travers des étoiles comme pour une solennelle Elévation, et purifiante, douce, immaculée, s'épanouir.

Et tandis que ses reflets blancs baignent mon corps comme une statue de marbre, je sens mes lèvres s'étonner, s'extasier, se plaindre :

« Lune blanche, lune silencieuse. Espoir des nuits d'angoisse. Flambeau des soirs de bataille.

« Bénie sois-tu, toi qui étends sur ces champs dévastés ton voile, laiteux et souple comme une fumée.

« Toi qui, pour quelques heures, dérobes à nos pauvres yeux de soldats, l'hostilité troublante de cette terre que nous défendons.

« Toi qui permets à nos mains pieuses de retrouver les blessés et d'ensevelir les morts.

« Tantôt ronde et pleine comme un phare, tantôt mince et légère comme une nacelle, tu nous aides à compter les nuits, les mois et les années.

« Tu veilles sur nous ; tu nous accompagnes dans nos patrouilles silencieuses, dans nos combats sournois.

« De ta grâce mélodieuse, tu éclaires nos pas, tu consoles nos humbles misères.

« Tu illumines nos yeux obscurs.

« Tu prolonges le regard des veilleurs ; tu scrutes les fourrés épais, les ombres mouvantes.

« Vers toi vont nos songes pendant nos nuits de veille, vers toi nos amours.

« Tu idéalises nos rêves. Tu nous aides à espérer, à croire, à prier.

« Bénie sois-tu, consolatrice suprême des soldats.

« Nos cœurs las et simples t'aiment pour ta tristesse, ton recueillement, ta paix.

« Sans toi, la guerre serait plus atroce encore, les nuits plus angoissantes, nos cœurs plus tristes.

« De ton extase lointaine, tu berces notre exil.

« Eternelle enchanteresse du monde, tes mirages nous attirent et nous grisent.

« Toi seule comprends notre détresse, notre angoisse.

« Nous t'aimons, ô belle Ténébreuse, maîtresse changeante, inconstante, et cependant fidèle.

« Fidèle à nos peines, à nos misères, à nos blessures, à notre mort.

« Bénie sois-tu, parce que tu es belle, sereine, féconde.

« Bénie sois-tu, ô Reine silencieuse des tristes noctambules de la Guerre.

« O tendre amante des jeunes hommes.

« O Lune blanche, et douce, et solitaire... »

VIII

Sur la Mort de mon Frère.

Sur la Mort de mon Frère.

I

Le Chemin Douloureux.

VIII

SUR LA MORT DE MON FRÈRE

I. — Le Chemin Douloureux.

Il est mort, il est mort....

Ces trois mots me martèlent le cœur sans que je puisse arriver à les fixer dans ma tête, à les comprendre.

Il est mort. Ces syllabes me font un mal physique, comme quand je heurte du pied les pierres rudes du chemin. Mon esprit est endolori : il tressaille, il vibre.

Mort, ce mot résonne dans ma tête ainsi que dans une chambre vide : je n'entends que lui. Sa sonorité est telle que je ferme les yeux. J'ai mal.

C'est là-bas, vers la tranchée où fut frappé mon frère, que me portent mes pas incertains ; vers cette tranchée que je redoute et qui m'attire, depuis que je sais...

Oh ! ce chemin est long ! Les pierres aiguës entravent ma course ; elles me font sursauter, elles m'inquiètent ; elles m'obligent à ouvrir les yeux, à penser à autre chose qu'à ma peine. Le crépuscule sème des ombres hostiles à mes côtés.

Je vais aussi vite que me le permettent mes forces, sans un mot, sans un geste. J'entends mes pas saccadés.

Je suis las. Cette lassitude m'est venue tout d'un coup ; c'est la première manifestation de ma douleur. Mes nerfs me soutiennent pourtant. J'irais ainsi loin, très loin. Je perds peu à peu conscience de l'effort que je fais pour marcher.

Mes yeux pleurent doucement. Parfois un hoquet de douleur m'arrête.

La nuit tombe, et déjà les lointains de Lorraine s'estompent en une brume bleue. Mes sens surexcités deviennent d'une acuité extrême. Mes yeux voient les moindres détails, s'y arrêtent sans les comprendre, comme s'ils avaient besoin de se fixer quelque part.

Ah ! cet arbre... mes yeux le détaillent, mes lèvres inertes répètent inconsciemment : cet arbre, cet arbre.....

Je marche, je marche, insensible et tenace.

Je cours pendant quelques pas jusqu'à ce qu'exténué, je sois forcé de reprendre haleine.

Le crépuscule descend si vite qu'il m'effraie. Saurai-je reconnaître ma route dans la forêt? Trouverai-je la tranchée? D'ailleurs, où est-il, mon frère? Je ne sais. Je me souviens de ces mots seulement qu'on vient de me jeter sur le cœur et qui résonnent lourdement : il est mort, mort...

J'imagine d'invraisemblables obstacles qui m'empêcheront d'atteindre mon but, couperont mon chemin : je vis un cauchemar.

Je veux le voir, le revoir.

Peut-être l'a-t-on déjà emmené et alors je devrai le chercher, courir à sa poursuite, et je suis las, si las que je ne sais si j'en aurai la force.

Et cependant tous mes nerfs, tous mes muscles sont tendus vers ce but. Mes jambes tremblent de fièvre, tant ma course est rapide : je halète. Que puis-je faire encore?

Voici le bois du Jury que je dois traverser. Le sentier est obscur, les arbres sont noirs. Le crépuscule s'épaissit : c'est la nuit, la nuit silencieuse de Lorraine.

La lisière! j'aperçois d'un coup l'horizon, et là-bas, se détachant comme de bizarres hiéroglyphes, qui, d'un bout à l'autre de la plaine résument l'histoire de la guerre : les tranchées.

C'est là. Là qu'il fut frappé, là où je ne retrouverai que son cadavre. Je ne puis pas le croire.

Mes yeux anxieux, terrifiés, interrogent cet horizon. Je suis attaché au sol ; mes mains se crispent aux derniers arbres qui m'entourent.

Tout est calme. Les bois s'emplissent d'ombres mystérieuses et le vent, comme à l'ordinaire, berce les hautes branches. Non, il ne peut pas être mort : le paysage serait changé ; les bois ne seraient plus les mêmes ; j'aurais entendu ses appels, ses plaintes.

Mais je ne vois rien. Un lourd silence pèse sur le crépuscule.

Mes yeux se fixent sur ce point de tranchée où je le devine. Il me semble qu'à force de regarder, à force de vouloir le voir, j'arriverai à supprimer la distance qui me sépare de lui.

Je suis très las, mais il faut aller, aller toujours. La nuit se fait plus opaque. Bientôt je ne verrai plus le chemin qui doit me guider. Je ne le retrouverai plus ; je ne pourrai plus le reconnaître. Je serai obligé de le chercher à tâtons dans la nuit : mes yeux ne verront plus ses yeux. Je ne trouverai pas la blessure qui l'a tué.

Je continue la route, la tête basse, accablé !..

***

« Il est là. »

Je suis le soldat qui maintenant veut bien me guider, frôlant de mes mains incertaines les branches qui me cinglent. Je n'ai plus la force de demander, de chercher.

Mes yeux anxieux interrogent l'ombre. Je crains de me heurter au brancard qui le porte, de le voir trop tôt, trop brusquement. La nuit épaissit l'ombre de la forêt. Je crois avancer dans un gouffre noir. Mon pied heurte les racines enchevêtrées.

« Là. » Et, d'un geste, mon guide me désigne un brancard étendu sous les branchages.

Je ne distingue qu'une masse grise, confuse.

Un tremblement nerveux me saisit, une crainte que je ne connaissais pas.

Une toile de tente recouvre le corps.

Le soldat qui m'accompagne comprend ma peine et fait le geste que je n'osais pas faire : il écarte la toile...

Oh ! mon frère, mon frère.

Il est là, étendu sur ce rigide brancard, la tête légèrement ramenée en arrière.

Une faible lumière, filtrant d'un abri proche, l'éclaire : son visage n'est point changé. La bouche un peu entr'ouverte, les yeux mi-clos, il me regarde avec son sourire accueillant d'autrefois.

Il dort peut-être.

Ses bras, ses jambes, empaquetés dans des pansements, se détachent en blanc cru sur l'ombre.

Je m'agenouille et passe doucement la main sur son front tiède encore.

C'est moi, moi...

Je ne trouve rien à lui dire : mes lèvres répètent seulement ces mots qui supplient comme une prière : c'est moi, moi.

Il me semble qu'à force de caresser son front, il va se réveiller comme d'un songe: son regard n'est point éteint. Il brille sous les paupières demi-closes. Il voit. Peut-être comprendra-t-il l'anxiété de mon regard? Peut-être mes yeux raviveront-ils ses yeux?

Mais il est inerte, muet... Son front se glace sous ma main. Mes yeux se fixent sur son pauvre visage : « Je veux te voir, te voir... » Ils s'agrandissent pour s'imprégner de ses traits que je voudrais emporter dans mes prunelles. Je frôle de mes doigts le contour de sa face pâle pour mieux m'aider à m'en souvenir.

La faible lueur qui filtre sous les branches, éclaire ses yeux : il dort dans le silence, dans l'ombre. Ses traits ne sont point ravagés, ni stupéfiés par l'angoisse de l'agonie. Non : il dort paisiblement. Son visage, comme son corps, comme son regard, semblent ailleurs, étrangers déjà aux bruits de la guerre : ils se reposent de ces longs mois de lutte et d'attente ; ils songent, ils se recueillent.

La lumière, en se déplaçant, vient d'éteindre ses yeux.

« Je veux les fermer sur cette grande paix intérieure de ton cœur. »

Et de mes doigts craintifs, je baisse ses paupières, doucement pour ne point l'éveiller, pour ne point troubler sa prière, pieusement...

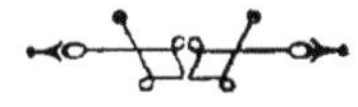

Sur la Mort de mon Frère.

II

La Veillée

II. — La Veillée.

La petite chapelle d'Hamonville est obscure, silencieuse. Le clocher éventré laisse filtrer contre le porche une mystérieuse lueur lunaire. Le vent froid de la nuit s'engouffre en tourbillons par cette brèche et résonne contre les murs déserts.

Ce vent m'angoisse, et la nuit, et le silence...

Je suis seul dans cette chapelle abandonnée, seul avec le cercueil muet.

Les reflets de lune tracent sur les murs dénudés des ombres étranges, de mystérieuses paraboles divines.

Les verrières sont vides, les vitraux arrachés. Leurs gaines de plomb pendent comme des tiges de liserons.

Je n'ai point de drap mortuaire pour envelopper le cercueil, point de cierges pour veiller et prier avec moi : je n'ai rien. Mes mains sont vides et craintives comme celles d'un pauvre. Des chouettes, logées dans la brèche du clocher, hululent lamentablement et parfois traversent la chapelle d'un vol lourd, battant les voûtes de leurs ailes poussiéreuses.

Je n'ai plus le courage de me tenir à genoux et de prier. Mes pas sonnent longuement sur les dalles de pierre.

« Quelle prière puis-je faire, Seigneur, de-
« vant votre autel désert ? Mes lèvres se glacent
« et la pierre où je m'agenouille est rude et
« froide. Je suis seul, je suis las, et ma tête
« pesante s'appuie au mur d'un geste acca-
« blé.

« Mon corps et mon âme sont si meur-
« tris...

« Je ne me révolte pas contre votre vo-
« lonté, Seigneur, ni contre ma douleur. Je
« suis un ignorant, je suis un soldat.

« Je ne cherche point à deviner l'énigme
« des destinées humaines, à déchiffrer la loi
« divine. Je crois et je me soumets. Je crois
« en votre éternelle bonté, en votre Justice,
« en votre Amour. Mais ce soir, je suis si
« triste, si seul que j'ai besoin de votre appui.
« Voyez, mes forces chancellent ; mes mains
« pour me soutenir, se crispent aux pierres
« de votre autel.

« Daignez, Seigneur, allumer la veilleuse
« qui m'indiquera votre présence ; chassez les

« ombres obscures qui hantent votre demeure: « c'est un soldat qui est mort, un soldat que « je veille ; c'est mon frère. Donnez-moi la « force de l'accompagner jusqu'au bout sur le « chemin douloureux. C'est la dernière fois « que nous sommes ensemble, prosternés de- « vant vous.

« Accueillez-le, accueillez-nous.

« Je crois en votre pitié, Seigneur. »

***

Non, je ne veux pas, frère, que cette nuit de veille, notre dernière nuit, soit une nuit d'angoisse, frileuse, obscure.

Je veux dresser pour toi, en cette triste chapelle, un reposoir lumineux où les flammes des veilleuses mêleront leurs prières incessantes à mes prières accablées.

Cette chapelle obscure sera ta chapelle ardente.

J'ai là quelques bouquets, cueillis par des mains inhabiles de soldats, quelques couronnes de feuillage. Les bougies qui nous ont éclairés dans nos abris humides, qui nous ont accompagnés dans nos rondes nocturnes aux tranchées, suppléeront aux cierges. Notre dernière veillée en terre lorraine sera douce, familière ; glorieuse aussi comme une apothéose.

Pour drap mortuaire, je mettrai sur ton cercueil, ce tapis d'autel aux dorures brillantes. Ton corps n'est-il point, ce soir, l'autel de la Patrie? Vois comme mes bougies sont lumineuses dans la chapelle déserte...

Ceux qui sont morts à l'ennemi ne sont point seulement des morts : leurs corps, comme ceux des Saints, ont droit aux châsses brillantes ; leurs catafalques sont des reliquaires.

Et la petite chapelle de Lorraine recouvre peu à peu sa vie : les ombres s'éclairent. De larges taches lumineuses courent sur les murs dénudés, glissent sous la voûte et semblent vouloir s'enfuir par le clocher béant. L'éclat des petites lumières tremblantes se transmet aux dorures fanées qui bordent encore l'autel. Les statues coloriées de la Sainte Vierge et de saint Nicolas sortent peu à peu de l'ombre. Leurs visages s'éclairent, leurs bras bénissent. Je ne suis plus seul. L'autel s'anime, s'éveille. Mes prières ont ranimé la flamme mystique et si je n'ai point de prêtre pour bénir ma douleur, si je suis un pauvre, le Dieu des malheureux et des soldats est là qui nous accueille...

« Vous m'avez écouté, Seigneur. Vous avez « eu pitié de ma faiblesse, vous m'avez secouru.

« J'étais las, abandonné, et vous avez per- « mis à ma pauvre souffrance humaine de se « mêler à votre souffrance divine. Mes mains « étaient vides, mes yeux obscurs et vous « m'avez donné votre lumière. Une grande « paix reposante descend en mon cœur. Vous « avez ravivé la lampe ardente de votre « autel : l'ombre qui m'étreignait s'est « enfuie.

« Je ne suis plus dans un lieu désert : nous « sommes chez vous. Vous nous avez accueil- « lis, parce que nous n'étions que de pauvres « soldats, abandonnés sur cette terre lointaine. « Vous avez eu pitié et vous avez compris « nos prières, obscures comme nos âmes... « Vous êtes venu pour nous. »

Et peut-être, dans la nuit radieuse, l'ennemi voit-il au loin se dessiner les fenêtres ardentes de la chapelle? Peut-être se demande-t-il quel est l'office mystique que célèbre ce soir la chapelle lorraine?

Le Seigneur est descendu recueillir l'âme des soldats morts..

Septembre 1915.

Sur la Mort de mon Frère.

III

Deux Novembre en Lorraine.

III. — Deux Novembre en Lorraine.

« Ils ont couché dans la forêt le frère que j'aimais. »

Novembre, novembre en Lorraine, novembre de guerre.

Voici le jour des Morts, le jour des souvenirs, la fête religieuse de la Douleur.

J'ai peur de ce jour des Morts : je suis trop près de mes souvenirs, je les comprends trop, je les touche presque... Je revis à moins d'une année de distance, les mêmes heures déchirantes.

Mes souvenirs se personnifient en un coin de cimetière lorrain, où je sais, où je sens que dort, solitaire et délaissé, mon frère mort.

Il est mort, et depuis lors je suis un voyageur, et vais de route en route, de fleuve en en fleuve, au gré des batailles, triste ou joyeux, alerte ou las. Je ne puis m'attacher aux choses trop immuables, aux villages que je traverse, aux rivières que je longe, aux cimetières que j'abandonne, aux douleurs, aux agonies qui m'ont brisé le cœur. Ma vie est errante et je ne dois jamais regarder en arrière pour regretter ou pour pleurer : je suis soldat.

Mon âme ressemble à ces tristes nuages qu'éparpille le vent d'automne. Ils poursuivent à travers le ciel leur chevauchée vagabonde, sans arrêt, ni repos, tantôt illuminés par le soleil ardent, tantôt chassés par les tourbillons froids. Ils vont, ils vont toujours, laissant au hasard, dans l'air mouvant, des lambeaux d'eux-mêmes : ils s'usent et tandis qu'on suit des yeux leur course lointaine, voici que, peu à peu, ils s'effilent, s'estompent, disparaissent... Ils sont morts et le vent n'est point apaisé.

Je vais au pas lent, au pas boueux de mon cheval, là-bas vers ce petit cimetière.

Voici la même route aux détours familiers, la même tristesse, le même ciel. Rien n'est changé et cependant mon cœur ne reconnaît rien : les mêmes arbres bordent les mêmes champs. Moi seul ne suis plus moi. Mes sens étonnés recueillent des impressions que je me souviens avoir déjà vécues et que pourtant je ne reconnais pas. Je vis de nouveaux états d'âme, je n'ai plus le même cœur : mon cœur est mort.

J'accomplis seul ce pèlerinage, seul, avec mes pensées désolées, seul avec ma douleur, seul avec moi-même.

Il pleut. Le temps est gris. Le vent froid crispe mes mains engourdies et j'ai peine à retenir les faux pas de mon cheval.

La forêt de la Reine que je longe, frissonne : les dernières feuilles tombent, lourdes de pluie et s'embourbent en paquets. Tout est silencieux et calme. La guerre s'est tue pour fêter la Mort.

Où va cette route? Autrefois je devinais ses contours ; aujourd'hui des brumes perfides bordent mon chemin. Il me souvient seulement de ma douleur et de la détresse de mon cœur.

Les villages silencieux et vides somnolent : l'heure est pensive. Les champs sont déserts et mornes : la terre et le ciel se recueillent. Parfois une note grave tinte, mélancolique, à un clocher lointain.

Je suis douloureux. Je suis seul.

Cette solitude convient à ma douleur. Elle la précise et l'augmente. Le silence m'engourdit le cœur. Je sommeille à demi et n'ose ni penser ni voir. Le moindre bruit, un cahot me fait sursauter et tressaillir.

Les routes sont luisantes et les champs désolés s'étendent à l'infini, lassants par leur uniformité, par leur mystère. La vie semble être suspendue. La guerre et son bruyant cortège n'est plus la sensation dominante : les nerfs cessent de vibrer.

Et voici que je reprends peu à peu conscience de moi-même : je ne suis plus un soldat. Je redeviens un homme, un homme avec sa lassitude, sa faiblesse, son angoisse, son aptitude à souffrir. Je vois cet autre moi-même naître à mes côtés et me suivre comme une ombre. Je me reconnais à peine tant je m'étais déshabitué de mon cœur : une stupeur lourde m'envahit l'esprit, enveloppante comme ces brumes.

La route est glissante. La pluie grise me fouette le visage et fait miroiter les flaques brillantes.

J'aperçois *Hamonville* au loin, pauvre village perdu, au milieu des terres abandonnées. Jusque-là, j'approchais sans vouloir penser, sans oser savoir où j'allais.

Cette vue me fait tressaillir. Mes mains tirent machinalement sur les rênes. Déjà ! Il me semble que je suis trop près du village. Je n'ose plus avancer.

Courte minute d'hésitation, de surprise. A

présent mes yeux reconnaissent tout, reconnaissent trop, et les souvenirs me font mal.

***

Rien n'est changé depuis mon départ. Les petites rues sont seulement plus désertes. Quelques maisons vides, aux volets clos, dorment en silence. Les murs sont gris comme le ciel. Les toits luisent faiblement sous la pluie. Le village est en deuil.

Tous les menus objets qui m'entourent, toutes les ombres que recèlent les portes, ravivent à présent mes sensations et mes souvenirs.

Mes impressions se heurtent l'une l'autre : celles qui me frappent aujourd'hui et celles que j'avais recueillies autrefois et qui soudain me hantent étrangement.

Voici le toit où s'abritait mon frère, sa chambre, sa fenêtre : ne dirait-on pas qu'une ombre bouge derrière les volets aveugles? Voici ma porte, ma « popote ». Voici le sentier que nous suivions tous deux le soir, aux jours de « repos » ; un mur, un escalier me rappellent quelques-uns de ses gestes. Je retrouve là un peu de sa vie, un peu de « notre » vie, tant nous vivions avec le même cœur.

Le tournant de la route me découvre l'église, au clocher éventré. Ah ! voici le chemin où je l'ai quitté, le dernier jour. Ces pierres ont résonné sous le pas lourd des soldats qui portaient son cercueil.

Plus loin, un petit mur blanc, uniforme : le cimetière. Je mets pied à terre. Je vais vite, vite pour ne pas chanceler sous le poids de tous les souvenirs qui m'assaillent, me harcèlent, m'angoissent...

La lourde grille gémit. C'est là !

Voici la petite tombe, sous la croix du soldat.

« Mon frère, je suis là, c'est moi ! »

Mon cœur est étreint par la même émotion, la même angoisse qu'au jour où, la première fois, je vis son corps glacé.

Mes lèvres répètent inconsciemment les mêmes mots : « C'est moi, tu le vois bien. C'est « moi ! Qu'ai-je besoin de te dire autre chose ? « C'est moi, je ne t'oublie pas. Moi, ton frère, « ton petit frère. Je viens vers toi, tout près « de toi. Tu me reconnais bien, n'est-ce pas, « toi. »

Des mains pieuses, des mains inconnues ont

fleuri sa tombe d'un chrysanthème blanc. Il suffit à la rendre moins abandonnée.

D'autre tombes sont là, symétriques, recueillies : le vent est froid et les chrysanthèmes épanouis sous le ciel brumeux, balancent cérémonieusement leurs têtes lourdes.

« Je suis venu, non seulement pour moi, « mais pour ceux qui, là-bas, pensent à toi et « prient ; pour ceux qui restent seuls et qui « t'attendront toujours.

« Je viens pleurer à tes côtés, simplement, « en enfant, en frère.

« Je voudrais t'apporter un peu du son de « nos cloches, gonfler ta poitrine du vent « que nous aimions à respirer, sous les chênes « clairs, fleurir pieusement ton souvenir des « glycines mauves qui nous étaient familières.

« Tu es trop seul, ici, trop loin de « chez « nous ».

« Laisse-moi me blottir près de toi ; je ne « veux pas que tu sois isolé en ce jour bru- « meux de novembre.

« Moi aussi, trop abandonné, je viens te « demander conseil et secours : tu es mon « frère, tu es mon aîné, et j'ai peur de ma so- « litude.

« J'ai jeté autour de moi des regards éper-

« dus et n'ai trouvé que des étrangers. Ils « n'ont pas compris ma douleur. »

Oh ! « les autres » ceux qui me regardaient, et continuaient devant moi, sous mes yeux, leur vie coutumière ; ceux qui se détournaient de peur de me rencontrer et d'avoir à prendre part à ma peine ; « les autres », comme je les sens loin de mon cœur, comme ils m'ont fait mal !

Jamais je ne me suis senti perdu sous ces brumes inconnues de Lorraine, autant que le jour où je me suis retrouvé au milieu de ces innombrables camarades. Je ne pouvais leur cacher ma peine ; avec eux je devais vivre encore. Leurs chants, leurs rires, leurs ébats coutumiers me déchiraient le cœur.

Ils ne pouvaient s'intéresser à mon mal, et je ne leur aurais pas permis de profaner ma douleur.

J'étais jaloux de mon angoisse : moi seul voulais la connaître, moi seul prétendais en souffrir.

« Et, délaissé pour toujours, je t'apporte, « frère, cet isolement pour que tu le peuples « de ton souvenir.

« Tu es mort : ce mot m'épouvante ; il est « froid, il est lourd comme le poids d'un ca-

« davre. Je ne te verrai plus, je serai seul, « seul comme je l'étais le soir, où, pour la « première fois, je caressais ton front glacé ; « comme le jour où je veillais ton corps dans « l'église croulante. »

Les étangs désolés reflètent en silence le ciel funèbre. De lourdes brumes traînent sur leurs eaux dormantes comme d'étranges linceuls.

La pluie, tenace et froide, ternit mes souvenirs.

« Mais ne crains rien, frère, je saurai écar- « ter cette brume, et parmi tant de boue, j'irai « retrouver ton corps. Tu n'es pas perdu pour « moi, et cette lourde pluie désolée n'a point « effacé la trace sanglante que tes pas ont « laissée en s'éloignant de moi.

« Tu vis en moi : et tes pensées, et tes son- « ges, et toi-même enfin, vous vivez non seu- « lement en mes souvenirs, mais en mes actes. « Une vie nouvelle s'ouvre à moi, préparée, « façonnée par nos souffrances communes. Je « n'ai plus le droit de vivre pour moi seul : tu « vis en moi.

« Ton sacrifice n'est point mort : j'accepte « la lourde tâche de le faire vivre, de le faire « fructifier. Nos deux énergies s'uniront comme

« nos cœurs, et je porterai plus haut la tête, « car je vivrai une double vie. La fierté de ton « cœur aidera ma faiblesse et tes yeux seront « mes yeux.

« Tu étais jeune, tu étais fier, et la vie s'of- « frait à tes rêves : tu es cependant parti, « joyeux et brave. Frère, tu es près de moi : « tu me guides, tu me conseilles. Je vis par « toi, pour toi, je vis mieux. Tu n'es pas mort. « Tu vis religieusement en moi. Je crois en « toi. Je crois en la force, en l'éternelle pré- « sence de ton souvenir.

« Sois heureux parce que tu es mort « jeune, ne connaissant l'avenir que pour « l'aimer.

« Sois heureux parce que tu n'as jamais « craint la mort : elle n'était pour toi qu'une « ombre claire où le cœur et l'âme se fondent « insensiblement pour s'épanouir plus haut « dans une lumière plus ardente.

« Sois heureux parce que désormais tu vi- « vras la vraie Vie, la Vie qui absout, qui ré- « compense, la Vie qui donne un but à nos « pauvres souffrances humaines.

« Ton corps est devenu le sol de la patrie, « le sol de cette Lorraine où je ne suis plus « un étranger. Mon âme vit en communion

« avec ces terres magnifiquement nues et « solitaires. »

Car tout est mystère en Lorraine ce soir. Trop de morts ensemencent ses champs et ses vallons. Trop de morts ont pétri son sol et dorment là, couchés pour la Cause sainte, s'entassant de siècle en siècle. Ils communiquent au sol leurs songes et leurs prières. Nous ignorons leur sagesse et cependant ils nous attirent.

Les horizons sont bleu sombre comme des reflets d'acier. Le vent humide caresse tristement les longs labours déserts. Le silence est accablant.

Les semailles n'ont point été faites : personne n'est venu faucher les prés trop épais. Une à une les meules se sont écroulées. Le soc des charrues s'est rouillé. Les sillons se sont effacés. La Lorraine est morte.

Mais il monte de cette solitude recueillie une tristesse religieuse, lente comme une fumée; une complainte monotone et grave faite de tous les pleurs de ceux qui restent seuls, de toutes leurs prières accablées et lasses ; de tous les rêves, de tous les espoirs de ceux qui sont morts jeunes et qui dorment dans ce sol de guerre. Complainte insaisissable, plus douce que le vent nocturne, enveloppante et tiède, pénétrante et tenace comme un parfum d'encens, dans une église, au soir d'un jour de fête.

La Lorraine a repris conscience de sa destinée puissante, grandiose, terrible ; destinée de mort.

La Lorraine vit religieusement sous ses brumes d'automne. Elle vit, elle tressaille, elle souffre, elle prie : des peuples entiers vivent en elle.

C'est l'autel mystique où se sont épanouis les courages, sur lequel se sont immolés les sacrifices ardents de toute une race.

La France entière vit en elle !

IX

Verdun.

VERDUN.

I

Poussière.

IX

VERDUN

I. — Poussière.

Les camions épais roulent lourdement dans la poussière. Assis en tas, pêle-mêle, dans un fouillis d'équipements, de bidons, de fusils ; serrés, pressés les uns contre les autres, blancs d'une poussière chaude et tenace qui s'attache à nous, s'infiltre dans nos cheveux, dans nos barbes, colle aux lèvres et nous tire le visage, nous nous laissons bercer par les rudes cahots de la route, sans penser, sans bouger.

Les uns dorment accroupis ; d'autres somnolent et s'appuient à leurs voisins d'un geste las ; quelques-uns assis à l'arrière laissent délicieusement flotter leurs jambes pendantes, suivant des yeux l'interminable cortège de camions qui se déroule au soleil, dans un nuage enveloppant et blond, sur les lacets étranges de la route.

Poussière ! Poussière ! L'esprit est morne, les yeux sont vagues. On se reconnaît à peine l'un l'autre, tant les sourcils sont épais et les visages enfarinés.

On rit cependant, on rit de cette course échevelée sous un soleil morne ; on rit de sa misère, de sa lassitude, de sa désolation. Mais les rires sont lourds, pénibles, irritants. On rit pour briser ses nerfs, pour secouer cette poussière qui pâlit le visage, accentue les traits et fait à chacun le masque d'un cadavre.

Où va-t-on? On ne sait. Peu importe d'ailleurs. Ce n'est pas notre rôle à nous de savoir. Peut-être courons-nous défendre les bords de *Meuse*, *Souville* ou *Thiaumont*, par quelque attaque furieuse; et demain sans doute, la pâleur des visages sera celle des morts.

On a confiance en nous : cela suffit à exalter notre courage. C'est notre seul orgueil.

Nous n'avons pas peur : nous voudrions jouir de cette dernière journée de soleil, mais l'atmosphère trop épaisse nous embrume l'âme. Nos yeux indifférents et tristes, suivent seulement avec lassitude la masse grise, confuse, bruyante du camion qui nous suit, haletant comme une bête forcée.

Nous n'avons plus le courage ni le désir de vouloir par nous-mêmes. Notre cœur est trouble et notre esprit est vide, assourdi par cet interminable roulement où le bruit des chaînes se mêle aux cahots sourds des essieux.

Nous ne sommes qu'un rouage infime de cette pesante machine de guerre. Et dans la poussière de cette route trop surchauffée, sous un soleil d'orage, nos yeux somnolent, sensibles seulement aux ombres qui nous poursuivent et aux lumières soudaines.

Nos lèvres se dessèchent ; la soif nous étreint la gorge. On quête au hasard de la route quelques bidons d'eau tiède, jetant rapidement dans les villages un œil d'envie, de curiosité sur ceux qui restent là. On s'attriste, au passage, de ce coin d'intérieur, de cette chambre, de ce lit, du désarroi de ces demeures qui ont perdu leur âme dans l'encombrement de tous ces soldats qui les peuplent. Nos yeux rêvent sur ces horizons poudreux où le soleil fait se heurter les couleurs et superpose les lumières. Les camions fument. La route semble s'évaporer en lourds tourbillons, épais et lents comme des fumées d'encens.

Peu à peu, de chacun de ces camions s'élèvent des refrains et des cris que scande la lourde rumeur des roues. Nous nous grisons de bruit et de soleil pour étourdir nos cœurs anxieux. Chaque voiture traîne avec elle sa mélopée bruyante et de loin en loin les couplets se répondent, répétés longtemps par les échos.

Nous ne chantons plus notre enthousiasme. Nos yeux connaissent trop l'angoisse de la bataille. Mais nos âmes sont fortes, et notre fierté veut que dans cette course à la mort nous criions éperdument notre amour de vivre.

Le cortège se déroule avec majesté sur la longue route brûlante. Nous ne sommes pas un convoi ; nous sommes une procession grandiose, religieuse. Nos camions sont des chars de guerre, sûrs de leur force, fiers des cœurs qu'ils abritent et nos chants, mêlés aux lourdes poussières blondes qui fument au loin sur notre route, exaltent notre gloire.

Oui, la pesante cohorte de ces camions gris emporte les rêves, les espoirs de tous ces hommes jeunes, aux regards ardents sous leur voile poudreux.

Nous sommes « des troupes » qui passent, de ces innombrables hommes qu'on accumule, qu'on divise en troupeaux, sans personnalité, ni distinction. Nous sommes des « troupes », de ceux qui vont se battre, à qui les gens d'arrière crient : « Bonne chance », et qui reviennent en bandes éparses, boueux, sanglants.

Nous n'avons même plus d'âme commune, d'esprit de corps, tant nous sommes nombreux et inconnus les uns aux autres.

Nous nous battons où l'on nous met, sans songer ni discuter, braves de notre seule bravoure, ne cherchant notre courage qu'en nous-mêmes. Joyeux, mais dédaigneux des enthousiasmes faciles, ne connaissant de la bataille que l'horreur, nous sommes prêts à mourir sans gloire, dans la nuit, dans la boue, enveloppés de cette poussière épaisse comme d'un blanc linceul.

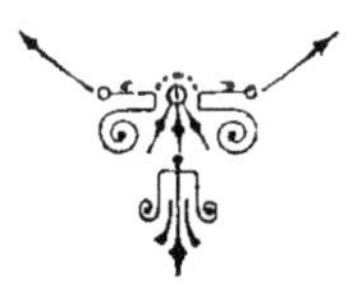

VERDUN.

II

Bivouac.

II. — Bivouac.

La forêt se peuple de feux clairs que la nuit confond, enchevêtre, et multiplie au loin comme une volée d'étincelles.

Les ombres fuient, s'allongent, s'estompent au hasard des arbres obscurs que le vent d'orage tourmente. Les petites flammes courent éperdues, et dansent, et scintillent, s'éteignent brusquement pour se rallumer soudain plus vives et plus folles. D'autres naissent au loin ; elles surgissent de tous côtés, semant de larges taches joyeuses qui se mêlent à l'ombre mouvante, et se poursuivent l'une l'autre, et s'enfuient comme pour une lointaine et fugitive course aux flambeaux.

C'est le bivouac, le joli bivouac des soirs d'été aux mille couleurs. Les tentes aux toits pointus s'alignent en files lumineuses dans la nuit transparente. Des silhouettes passent, repassent, courent, et des bandes d'hommes assis en rond, brillent devant les flammes vives des feux.

C'est le bivouac des gens de guerre ; le bivouac d'attente aux veilles des heures sanglantes. C'est notre veillée d'armes, à nous, soldats : les pensées, les espoirs, les craintes, les regrets de toute cette multitude se mêlent, se fondent en une sorte de prière avant l'holocauste. Prière sublime, innombrable, incessante comme le vent qui tord la flamme de tous ces feux !

C'est la veillée de la douleur, du sacrifice, la veillée où des troupes qui mourront joyeuses et coude à coude éprouvent le besoin de s'unir, de confondre leurs cœurs qui, s'ils étaient seuls, craindraient de faiblir.

Le bivouac songe parmi ses feux follets que le vent échevèle, et de chaque groupe, auréolé par les flammes, montent des rêves étranges qui se perdent dans les nervures des branches hautes.

C'est l'heure du recueillement intérieur, des prières, longues comme des plaintes.

C'est l'heure de la solitude fière, l'heure des âmes ; celle où renaît l'être mystique des individus, où chacun vit une vie plus intense, plus profonde. Nous cessons d'être des hommes, soucieux seulement de nous-mêmes et de notre activité extérieure, pour devenir des soldats. Nous mettons à la base de notre héroïsme et de notre sacrifice un acte de foi. Acte de foi en la vie, en la vie des autres, la vie de ceux pour qui nous mourons. Acte de foi, en une idée, en un songe, en une patrie, en un Dieu.

Qu'importe ! nous croyons et notre foi nous élève le cœur, nous purifie, exalte nos volontés et nos nerfs, et resplendit au fond de nos yeux brillants. Nous n'avons plus peur. Nous sentons éclore et s'épanouir notre vitalité intime.

C'est l'heure où chacun vibre, où l'âme frissonne longuement comme une harpe, sous l'influence de cette énergie secrète que nous créons dans le silence de nos cœurs.

C'est l'heure où s'exalte la valeur morale de chacun, comme une dernière flamme très haute, très vive, avant que de se confondre dans la multitude où nous nous perdons.

Les troncs d'arbres resplendissent d'une lumière rouge, changeante, fugitive, et semblent les piliers d'une immense cathédrale aux voûtes ciselées, où les hommes qui vont mourir viennent prier et s'offrir au soir de leur dernier jour.

L'âme de tous ces hommes bruit : la forêt, le bivouac vivent intensément, et les yeux de tous ces soldats brillent et s'embrasent autour des foyers comme autant de torches sacrées. Nous reconstituons par morceaux notre individualité, puisant au hasard de nos souvenirs et de nos actes. Notre fierté propre nous aide à retrouver ce que la masse avait fait évanouir en nous. Nous croyons en nous-mêmes, en nos pauvres forces chétives et vaines, si vaines que, demain, nous combattrons et mourrons sans songer ni regretter.

Le sentiment obscur qui travaille nos âmes de soldats, nos humbles âmes complexes, indécises, semble s'élucider ce soir ; chacun croit en un idéal et se crée un motif d'agir, un devoir, une règle d'âme.

La mort ne nous effraye plus ; non que nous la jugions insignifiante mais elle ne crée en nos cœurs ni indignation, ni étonnement. Notre rôle est de mourir et nous ne faiblirons point. D'autres continueront nos vies brisées, vivront par nous, pour nous.

Laissez-nous seulement être fiers de notre tâche, laissez-nous mourir avec orgueil !

Les songes de tous ces hommes embrasent la forêt illuminée et la peuplent de mystère et d'enthousiasme. Les uns, assis près des feux, le visage rouge, devisent en silence du passé et revivent entre eux leurs souvenirs. D'autres évoquent les nuits troubles de la bataille, les morts sanglantes, les agonies atroces qui étreignent, les flammes qui tuent; quelques-uns, dédaigneux, dorment d'un sommeil lourd, enroulés dans leurs capotes boueuses. Ceux-ci écrivent sous leurs petites tentes que la lumière fait transparentes comme des lanternes de papier. Ceux là dans l'ombre, songeurs, contemplent silencieusement les étoiles lointaines et rêvent à des choses plus lointaines encore.

Leur courage s'exalte parce qu'ils sont une multitude et que leurs âmes taciturnes connaissent et dédaignent le danger, la mort. Ce que d'autres appellent leur héroïsme est plus simplement leur vie, leur sang, la transfiguration de leurs interminables souffrances, l'enivrement de tout ce sang, de tous ces morts, leurs camarades, qu'ils ont semés au hasard des batailles, sans compter et sans se retourner jamais.

Les feux meurent insensiblement. Leurs flammes moins hautes deviennent plus recueillies, plus pieuses. L'ombre envahit peu à peu les groupes qui les encerclent. Petites chapelles vigilantes autour de la lampe d'un sanctuaire.

Les visages sont tranquilles. Ils ont la foi.

L'heure est grave et paisible. Les chants qui se répondaient de foyer à foyer, monotones et rêveuses complaintes de soldats, se sont tus un à un.

Le bruit des voix n'offense plus le silence.

L'atmosphère est sainte. Les âmes et les cœurs se sont mêlés, se sont unis, émus de la tendresse de l'heure présente, faite des images délicieuses, des refrains lointains que chacun porte dans son cœur.

Et tandis que l'horizon s'illumine des grands éclairs fauves de l'artillerie et que les arbres se découpent en silhouettes frêles, comme dans un vitrail de cathédrale, tous ces hommes, toutes ces ombres, laissent s'écouler une à une, sans frissons ni regrets, ces dernières heures de leur dernière nuit.

VERDUN.

III

Les Yeux.

III. — Les Yeux.

« Encore un effort, allons, mes camarades ! »

C'est l'ordre du jour du général commandant l'armée de Verdun, que notre général de brigade nous lit d'un ton grave.

C'est un homme grand, à la barbe longue et grise, aux yeux bleus éteints et fatigués par les brumeuses campagnes d'hiver.

Les hauts troncs dénudés des chênes étendent autour de nous leurs colonnades profondes. Les branches font à nos pieds un tapis d'ombres mouvantes.

Ses gestes sont lents, hautains, et quand il parle, ses yeux brillent et s'agrandissent pour rester fixes, perdus en une sorte de rêverie, d'extase lointaine...

On dirait un druide, en quelque forêt celtique, prononçant devant les prêtres sacrificateurs, les paroles sacrées qui précèdent et sanctifient les holocaustes.

Nous sommes là, en cercle, tous les officiers de la brigade, tous ceux qui doivent se battre.

Les paroles sont brèves : le temps n'est plus de nous haranguer. L'ennemi est près de Sou-

8

ville, et Thiaumont a faibli. Nous devons fournir l'effort suprême qui sauvera l'honneur.

« Messieurs les officiers, n'oubliez pas que vous donnez l'exemple, et que l'armée de Verdun met en vous son dernier espoir. »

Ces mots suffisent.

Les visages sont calmes, sans arrogance ni défi, d'un calme réfléchi et décidé.

Nos yeux se fixent sur ce chef. Nous épions son visage, nous aimons à voir sa haute stature. Il nous plaît d'entendre ses paroles qui sonnent clair dans le silence des arbres. Sa force physique semble être le symbole de notre force. Son regard insaisissable nous émeut.

« Allez, Messieurs. »

C'est tout. C'est fini. C'est le dernier mot du chef. A nous, soldats, de vivifier sa pensée, de nous montrer dignes de cette confiance, dignes de notre race, dignes de nous-mêmes.

Nous nous retirons un à un, sans hâte fébrile, mais portant dans les yeux une ardeur nouvelle. Nous nous retirons à pas lents, cérémonieusement, comme on sort d'une église : nous ne sommes plus des hommes avec notre caractère indépendant et propre ; nous sommes des camarades, prêts à une même besogne, prêts au même sacrifice, soucieux de nous aider l'un l'autre, de communier ensemble, dans le même holocauste ; le cœur très libre, mais soutenu par un même idéal, par cette idée de Devoir qui est notre culte.

***

Mes hommes sont là, couchés au hasard de leurs petites tentes ; ils me regardent venir et je devine les cœurs anxieux sous les visages de tranquillité feinte.

Ils savent « qu'il y a du nouveau » et que je connais ce qu'eux-mêmes connaîtront bientôt, mais qu'ils redoutent un peu d'apprendre.

Je vois, je sens leurs yeux clairs m'interroger ; mais l'un d'eux, plus hardi : « Alors, mon lieutenant, c'est vrai qu'on part ?...

« Eh ! oui, « on part ». C'est le mot que tous attendent.

« On part, mes amis, on part, ce soir. »

Certes, nous savions bien tous que le départ était proche, mais ce « on part » nous étonne un peu, nous fait froid au cœur, tant il est bref, sec. Nous, soldats, nous ne croyons jamais aux réalités que lorsqu'elles sont là et qu'elles nous frappent. Prêts à partir, nous l'étions depuis longtemps, mais on se fait vite à cette attente perpétuelle ; peut-être durerait-elle toujours?... Les soldats aiment à tromper leur misère par de faux espoirs. Ils n'ont pas peur, mais ils ont besoin de quelques instants pour se faire à la brutale nouvelle.

Maintenant, tous mes hommes sont là, autour de moi : leurs yeux ardents m'interrogent. Ils sont beaux ces yeux craintifs, résignés ou las, ces yeux où se lisent leurs misères, leurs espoirs, leurs vies. Nul besoin de leur dire : « Mes amis, j'ai confiance en vous » ; il suffit de voir leurs yeux qui, pour la plupart, s'ouvrent tout grands, s'ouvrent mieux qu'à l'ordinaire, pour que je puisse lire plus avant dans leurs cœurs.

Oh ! les yeux gris et simples des paysans du Nord ! les yeux lavés par les bourrasques d'hiver et gercés par le vent ; les yeux habitués aux durs labeurs, à la lourde tâche journalière ; francs et tristes, aux sourcils volontaires ; yeux fiers, habitués à ne jamais se plaindre ; songeurs, secrets, pleins de ces brumes grises des plaines froides, qui hantent leurs souvenirs et sont leur âme, leur vie !

Oh ! les yeux noirs, ardents, vifs, changeants, des ouvriers des villes, prompts à se plaindre, à accuser, comme ils sont prompts à s'enthousiasmer, à se dévouer ! les yeux habitués à la vie fiévreuse de l'usine; où luisent encore les braises incandescentes des forges ; brûlés par les cascades de feu des fonderies d'acier ; les yeux dévorés par l'ardeur de vivre, par la crainte, la haine, l'orgueil farouche de l'individu...

Et les yeux déjà tristes, alourdis, des vieux soldats qui sont surtout de vieux hommes ; où se lisent les regrets, les souvenirs, les angoisses de leur vie brisée ; où l'enthousiasme ne brille plus comme un flambeau et qui sont las, las, infiniment...

Mais les yeux bleus, les yeux fervents des jeunes ! transparents et clairs, comme des saphirs ensoleillés, timides et confiants, d'où jaillit une foi insensée en cette vie qu'ils ne connaissent pas encore ; les tristesses n'y séjournent pas, mais comme des frissons sur l'eau limpide, elles passent sur ces yeux mobiles, expressifs, gais, rieurs, aux larges pupilles étonnées et pensives...

Ah ! mes amis, soldats dont j'ai senti battre le cœur de si près, soldats qui m'avez soutenu, éclairé par votre dévouement incessant et intelligent ; soldats qui m'avez consolé par votre abnégation sans bornes ; vous dont j'aimais à m'entourer, avec qui je formais un groupe à part, jaloux de lui-même, jaloux de sa cohésion, de son courage, de sa fierté ; soldats qui fûtes mes compagnons d'armes, ô mes amis, croyez que je me suis efforcé de comprendre les pauvres rêves, les désirs incertains, ébauchés par la lueur de vos yeux ; croyez que j'ai voulu vous faire vivre plus pleinement.

Avec vous, j'ai souffert, j'ai gémi ; avec vous et par vous, j'ai espéré, j'ai vécu.

Je voudrais que quelques-uns d'entre vous aient été consolés et encouragés par l'ardeur de mon regard, que quelques-uns se soient rapprochés de moi et qu'ils aient compris que si j'étais votre chef, c'était pour mieux être votre ami.

Je voudrais que quelques-uns aient vécu par moi, et que ceux qui mourront à mes côtés, meurent moins seuls, moins tristes, soutenus par la confiance qu'ils avaient mise en moi et que je n'ai pas trahie.

Et vous les autres, déjà tombés, fiévreux et sanglants, soyez assurés que votre cœur vit en moi et que je conserverai toujours au fond de mes yeux clairs l'ombre de vos regards profonds.

VERDUN.

IV

La Bataille.

IV. — La Bataille.

I. *La montée aux Enfers.*

Pressez-vous, vite, vite...

On se bouscule, on court pour s'arrêter soudain, et repartir, et s'arrêter encore. De gros nuages humides roulent dans le ciel brumeux, nous plongeant par intervalles, dans une nuit si obscure que nous nous heurtons en marchant, entrechoquant nos baïonnettes, nos fusils en un cliquetis confus et monotone.

Parfois une brusque accalmie laisse filtrer la lune sur le moutonnement bosselé de nos casques.

Il pleut. L'eau nous glace pendant les arrêts trop fréquents, interminables. De grands frissons de froid, de fièvre, d'anxiété nous tiennent en éveil. Nos jambes sont gluantes.

Nos ombres se soutiennent l'une l'autre comme des châteaux de cartes. Quelques-uns s'appuient sur de lourds bâtons coupés au bivouac, d'autres sur leurs fusils comme sur des béquilles.

Nous suivons un petit chemin boueux où

l'on enfonce jusqu'aux genoux. Des ombres noires nous croisent, silencieuses. Qui sont-elles? Où vont-elles? Que nous importe ! Ici nous ne sommes que des soldats, et notre multitude n'arrive point à peupler ces lieux désolés. Et d'ailleurs n'avons-nous pas assez de nous conduire nous-mêmes dans cette nuit?

Esprits et corps sont engourdis. Les lèvres froides n'arrivent point à articuler quelques paroles. L'esprit n'a pas la force de penser. Les yeux se lassent à regarder cette ombre.

Soudain un brusque rayon de lune vient éclairer la route où nous entrons. Nos pas sonnent clair sur le sol plus dur. La boue compacte que le chemin fangeux avait accumulée contre nos jambes, tombe en paquets. Nous marchons mieux. Les rangs se reforment, les arrêts sont moins fréquents, moins longs.

Des ruines !

C'est une ville que nous traversons, une rue. Oui, c'était une rue.

Des murs troués aux fenêtres vides, par lesquelles on voit resplendir la nuit ; des éboulements informes. Quelques volets à demi arrachés pendent lamentablement, comme des drapeaux funèbres. Parfois, à travers une porte éventrée, on aperçoit une chambre, une cheminée. Les toits sont troués, et la lune peut explorer librement l'intérieur des maisons désertes. Des enseignes se balancent, grinçant sur leurs gonds rouillés. Ici, un épicier. Là, un barbier. Les peintures sont fraîches. Hier c'était une rue bordée d'intérieurs paisibles qu'éclairaient à la veillée les lampes silencieuses. Des rues comme celles de chez nous. Mais aujourd'hui tous les habitants ont fui : leurs demeures sont écrasées, brûlées.

Tout est mort. C'est *Verdun.*

Au loin la cathédrale qu'éclairent les rais blafards de la lune, fait une masse blanchâtre, imposante. Elle seule semble encore intacte. La nuit cache ses blessures. Elle veille sur ses maisons mortes. Témoin tenace de l'agonie de sa ville.

Une fontaine d'où jaillit une eau claire fait un joyeux clapotis vivant.

Nous regardons toutes ces choses sans parler. Chaque foyer détruit nous rappelle notre foyer. Bien que nos yeux soient habitués à ce paysage de mort, nos cœurs tressaillent et souffrent dans ce désert qui nous fait toucher de plus près le désarroi de la guerre, le long martyre de tous les faibles, enfants et femmes, que nous défendons. Nous sommes encore des hommes sous nos capotes terreuses !

De l'eau ! C'est la *Meuse* que nous traversons sur un ponton de bois. Un arrêt nous fait stationner au milieu. L'eau glauque tournoie sous les blêmes reflets lunaires. Mais un lourd nuage boit peu à peu la demi-transparence du ciel.

L'eau devient noire, fourbe, profonde. Elle se constelle de petits ronds brillants. Il pleut. Nos casques résonnent sous le grignotement des larges gouttes.

Nous nous serrons frileusement les uns contre les autres. Le vent froid de la nuit rend la pluie cinglante. Nos ombres ne forment qu'une masse compacte, silencieuse ; nous courbons le dos sous cette averse, immobiles comme un troupeau. Nos âmes sont obscures. Les lueurs vives des pièces d'artillerie font une traînée sanglante dans les remous noirs de la Meuse.

En avant ! Notre colonne frileuse, engourdie, s'égrène dans cette nuit opaque. Des caissons de munitions que nous croisons nous arrêtent, nous coupent, nous divisent. Il faut courir pour se regrouper. On se perd. On se hèle. Aux carrefours, ce sont d'interminables arrêts, où les hommes égarés ne savent quelle ombre suivre.

Quatrième compagnie? Ici!.. Cinquième, où allez-vous?.. Ici!.... Non!....

Quel régiment?.. Nos oreilles sont assourdies par ce piétinement sourd des troupes en marche. Nos corps et nos nerfs sont si las qu'on se laisserait tomber à terre, sans bouger, si la pluie, la boue, le froid ne nous gardaient éveillés de force.

Nous longeons un canal à présent. « Le canal » !.... Celui que nous connaissions de réputation. De grosses péniches dorment insouciantes et vides, sur l'eau calme. D'autres trouées par les obus, sont à demi-submergées et de hauts roseaux les entourent, comme pour les garder. Le sentier que nous suivons borde le canal : le sol est boueux, spongieux, et nous enfonçons dans une vase lourde qui se colle aux pieds. La pluie nous aveugle. On se heurte, on s'interpelle. Nos voix elles-mêmes sont lasses, nos gestes nerveux. Puis un silence très long, coupé du roulement incessant des pieds dans la boue.

On s'assied au hasard des arrêts, sur les talus, dans l'herbe gluante, mais il faut repartir bien vite, en courant, tandis que nos fusils se heurtent, s'accrochent.

Oh ! la longue, l'interminable procession que font depuis dix heures nos ombres informes.

Dix heures à marcher sans arrêt, arrachant à chaque pas nos pieds de la terre tenace ; dix heures à nous suivre sans repos, sous une p'uie froide, accablante. Nos jambes sont lourdes et se traînent avec peine. Nos yeux sont obscurs et nos mains tâtent l'ombre qui les précède de peur de la perdre.

Dix heures à chanceler, ne soutenant notre marche que parce que nous sommes en groupe, poussés par ceux qui nous suivent, hélés par ceux qui nous distancent. Nous n'avons plus la force de penser, de chercher à savoir où nous allons, où nous mène ce chemin ténébreux. Plus la force de parler, ni de nous plaindre, de sentir notre misère, nos souffrances, de mesurer la désolation de nos cœurs.

Cortège interminable, passant de la cohue bruyante aux courses échevelées, dans le noir, perdu parmi les reflets brillants des flaques boueuses.

Les appels, les commandements se heurtent, dans notre tête et nous lassent. Nous ne cherchons plus à les comprendre ni même à les écouter. Les brusques jets de lampes électriques nous aveuglent, pour nous laisser retomber dans une prostration plus complète. Sommeil collectif, où l'on se sent marcher seulement, sans savoir qui nous mène, tandis que la pluie obstinée perce les vêtements et détrempe les courages.

II. *L'Enfer.*

Le tir de barrage devient plus violent, plus serré.

Le vallon où nous entrons gronde comme un enfer. D'éblouissantes gerbes lumineuses le sillonnent et l'embrasent d'un rougeoiement d'incendie. La terre brûle comme une lave incandescente d'où jaillissent les hautes flammes ardentes des obus, qui s'estompent dans la brume, dans la fumée, en une danse légère et vive de feux follets.

Disséminés dans le vallon en une succession de petites colonnes frileuses, serrées, rampantes, nous avançons peu à peu ; nous glissons dans les sillons d'obus comme une invasion de chenilles.

Les obus lourds soulèvent de longs jets de terre liquide qui s'évaporent au souffle des obus fusants.

Perdus, noyés dans ce brouillard de feu dans cette vapeur de boue, nous marchons à tâtons, sans rien voir que les deux coteaux qui nous enserrent et nous guident.

Une couronne de feu nous précède, qui déjà

illumine la crête où nous devons prendre pied. De lourdes brumes grises traînent encore à mi-côte, molles et indécises. Une senteur âcre, fade, un goût de terre et de combat nous prend à la gorge.

Il ne semble pas que ce sol ait jamais pu être autre chose qu'un champ de bataille. Ses flancs sont pelés, déserts comme un vaste labour, et les trous d'obus sont si nombreux, si serrés, qu'ils empiètent l'un sur l'autre, se doublent, se confondent, bâillant comme d'innombrables bouches muettes.

Aucun arbre, aucun buisson ne peut naître de cette lande désolée. Le soleil même n'arriverait point à la ranimer. C'est un chaos fangeux, semé de cadavres, une terre morte.

Des blessés courent, hagards, tenant d'un geste fiévreux, leurs bras sanglants. D'autres se traînent péniblement, s'accrochent de leurs ongles à la boue glissante. Leurs poitrines halètent. Leurs lèvres se contractent, muettes, comme s'ils redoutaient de troubler la fureur bruyante de cette attaque.

Nous n'avançons plus que par bonds hâtifs, saccadés. Nos nerfs sont tendus à se rompre. A nos côtés la terre tressaille, tremble, se soulève en geysers soudains. De lourdes mottes de terre projetées, se collent aux casques d'un coup sec.

Cependant nous approchons de la crête. Le vallon se voile et disparaît peu à peu dans la fumée lente des obus.

Nous avançons, insensibles à ce crépitement assourdissant, à cette boue qui s'attache à nos corps, à ce feu qui nous brûle de son haleine chaude, à ces morts sanglants que nous laissons en arrière et dont on n'entend pas la chute dans le roulement sourd des explosions.

Nous allons, tantôt debout, tantôt agenouillés.

Nous courons, insaisissables, étonnés de pouvoir vivre sur cette terre de feu. Nous rampons, courbés, craintifs, accroupis au fond des trous comme des taupes. Jetés à terre brusquement, en groupes, nous nous relevons d'un bond, tandis que quelques-uns, le ventre ouvert, retombent inertes, sans un cri.

Nous n'avons plus conscience d'être des hommes.

Nous marchons, nous courons comme des ombres, comme une procession de fantômes qui, tour à tour, passent, disparaissent, s'enfuient pour renaître plus loin dans le brouillard enflammé.

Nous allons, sans rien voir que cette crête. Nos yeux hagards se fixent sur elle. Notre volonté se concentre, s'épuise, dans l'effort qu'il nous faut faire pour avancer toujours dans ce sol croulant et tiède, dans ces affreux sillons que tracent les obus non éclatés.

Nos lèvres sont sèches. Nous ne parlons pas. Nous ne crions pas. Nous nous battons contre du fer, contre la boue, contre les morts. Atteindrons-nous cette crête qui fume là-haut comme un volcan, avant que la mort ait eu le temps de nous happer?

Nos gestes sont fous, nos yeux illuminés !.... Qui pourrait nous arrêter? On n'entend plus que le grondement des obus. Nos mains se crispent sur l'acier des fusils. Des bras sont brisés, des mains arrachées ; les blessures tuent sans qu'on les sente.

Pas d'enthousiasme collectif. Chacun avance parce qu'il le veut intensément ; chacun est seul, isolé sur cette terre en éruption. Les camarades que l'on coudoyait tout l'heure sont tombés en gerbes. Nous sommes seuls à lutter contre ce fer aveugle qui tue les blessés et les morts.

Nous sautons de trous en trous, éparpillés au hasard par petits groupes tassés : les plus avancés se collent à terre, disparaissent, se fondent dans ces larges cratères qui jalonnent notre chemin comme des stations sur la voie douloureuse.

On se rallie pour repartir en petits bonds rapides. Tout cela rampe, grouille comme une multitude de vers gris. D'énormes obus entourent, écrasent, dispersent les groupes. Tous avancent cependant, lentement, méthodiquement, en sauts de puces. Quelques taches grisâtres restent en arrière, disséminées, immobiles : les morts.

Les pentes du vallon sont franchies. Perdus au fond de ce long cratère, nous avançons à présent, ainsi que des coureurs dans un stade olympique. Stade sanglant où les sacrifices, les holocaustes comptent peu. Nous allons, perdus au milieu des explosions qui aboient comme les cris d'émulation d'une foule anxieuse. Nous courons, invulnérables ! Nous échappons à ce fer, à ces flammes, triomphant même de cette mort qui nous attire.

Nos ombres s'enfoncent, disparaissent dans les lèvres brûlantes de cette terre pour réapparaître plus nombreuses à l'approche du but.

Nous courons, perdus, noyés dans ces fumées qui montent de la terre comme l'encens lourd de la victoire.

Nous courons, enivrés par cette grandiose et sanglante apothéose et si quelques-uns tombent et s'écrasent dans ce sol qui les dévore, les autres, hardis et fiévreux, gravissent la crête fumante, aux applaudissements frénétiques et secs des mitrailleuses.

III. *Mes Soldats.*

Et voici que moi aussi, je suis tombé.

Je suis tombé sans un cri, sans un geste, là, dans la boue. Je suis tombé sans même comprendre que je tombais : un petit choc sec, brutal à la poitrine et puis un brouillard devant mes yeux. Des bras rudes et forts m'ont soutenu, ont couché dans un trou d'obus mon pauvre corps inerte. Des mains ont calé ma tête. Des yeux amis m'ont interrogé.

Les bras, les mains, les yeux de mes soldats !....

« Où?.. Où?.. » J'ai fait un geste vers ma poitrine brûlante. J'ai senti leurs mains inhabiles et craintives déchirer ma vareuse, et l'un d'eux m'a montré un éclat long et sanglant, qu'il venait d'arracher de ses doigts terreux.

Ils m'ont pansé sans se soucier des flammes brûlantes qui nous environnaient, de la pluie qui nous aveuglait et coulait goutte à goutte des casques luisants. Leurs yeux appliqués étaient graves. Ils ne parlaient pas. Leurs mains étaient douces, douces !..

Mains craintives et tièdes de pauvres gens, mains rugueuses et frustes de ceux qui peinent chaque jour et creusent tristement la terre ; mains ridées, caleuses ; mains lasses, dévouées et bonnes ; mains auxquelles je me confiais, en qui j'espérais ; mains d'amis, de frères, mains de soldats, mes soldats !....

* * *

Et maintenant je suis là, à demi enseveli par la terre et par l'eau. Il pleut. La nuit est noire. Je suis là et ma tête est si pesante qu'elle se colle à cette boue.

La terre brûle et les flammes d'obus embrasent le vallon ténébreux comme une porte d'enfer. Des silhouettes de soldats s'illuminent de reflets fauves qui prolongent et horrifient leurs gestes.

Je ne sais plus où je suis, ni depuis quand.

Il me souvient seulement de ce petit choc à la poitrine.

Qu'ai-je besoin d'ailleurs de comprendre, de savoir ?

D'autres sont là qui veillent près de moi, pour moi et me protègent... D'autres ? Mes soldats. Ce sont eux qui possèdent mon corps, ma vie. J'ai confiance en eux, en eux seuls. Que suis-je moi, à présent, moi blessé, moi si las?... Que peut ma faible voix dans le grondement de cette nuit de bataille? Que peuvent mes forces contre ces obus aveugles qui achèvent les blessés et déchirent les morts?

Un affreux souffle court sort de ma poitrine crevée ; un râle m'étreint la gorge. Je halète. J'ai soif. Ma bouche happe avidement les larges gouttes de pluie. Cette eau froide humecte mon front brûlant!

Et j'assiste à cette longue bataille nocturne de mon trou boueux : les hautes flammes vives des obus m'entourent comme une ronde folle, diabolique, qui m'use les yeux. La nuit répercute et prolonge comme un écho le roulement sourd des explosions. De violents souffles chauds me soulèvent à demi, m'aveuglent, me projettent comme une poussière d'homme.

J'ai voulu me dresser pour fuir cette terre de feu, mais mes mains inertes se sont crispées dans cette terre et ont glissé sans force. Et où aller d'ailleurs? Les obus nous enveloppent d'un brouillard de feu qui, dans cette nuit pluvieuse, épaissit les ombres, agrandit les cratères, ouvre devant les pas incertains des crevasses phosphorescentes. Nous sommes prisonniers de cet enfer, nous, blessés ; et sans pouvoir nous battre ni nous défendre, nous attendons des heures et des heures l'accalmie qui nous sauvera ou l'obus qui nous tuera.

De lourds éclats traversent la nuit, bourdonnant comme des abeilles. Mes yeux ne voient plus qu'avec un voile. Je n'ai plus la notion de distance. Je n'arrive plus à étager en divers plans ce que j'aperçois à la lueur des flammes d'obus. Je distingue des ombres qui se déplacent hâtivement, là-bas. Où là-bas ?.. Je ne sais.

Je ferme les yeux, mes yeux aux paupières lourdes de terre, de froid, de pluie ; je suis déjà en dehors de la bataille, au-dessus ; loin des flammes qui aveuglent, de cette nuit qui pèse sur nous comme l'ombre d'un tombeau.

Je suis perdu dans mes songes... Des songes vagues, incertains ; des songes brumeux et froids comme la pluie.

Avec mes forces, avec mon sang se sont enfuis mes sens, mon cœur. Je ne sens plus la boue qui m'enlise, l'eau qui me glace, ni la terre qui, peu à peu, m'ensevelit dans la nuit.

Je m'en vais. Je ne sais pas bien où je m'en vais, ni si ce sont mes forces qui s'en vont ou mon cœur. Je sais seulement que quelque chose de moi s'égoutte peu à peu avec mon sang.

Peut-être que je meurs... je ne croyais pas que ce fût si facile de mourir... Je sens une grande paix descendre, descendre dans mon cœur. Une paix réelle, infinie, reposante. Je suis délivré des nuits pluvieuses, de la boue qui enlise. Je suis délivré de l'enfer du monde.

Extase semblable aux hallucinations de l'opium.

Je songe « à chez moi ». La mort me paraît toute simple, mon sacrifice tout naturel. Je ne me révolte pas. J'accepte. J'accepte tout. Il est juste que je m'en aille.

J'ai seulement un peu mal pour les miens ; les miens, ceux qui restent.

Et peu à peu, toujours, la boue m'ensevelit. Déjà mes jambes sont lourdes de toute la terre qui les recouvre !... Je sens mon corps s'enfoncer dans ce sépulcre mouvant.

Et cependant je suis vivant, vivant !...

Mais comment verra-t-on dans cette nuit mes pauvres yeux hagards qui implorent?... Comment me distinguera-t-on d'entre les morts?

Mes bras sont de pierre. Ma gorge est sèche.

Je n'ai plus la force de crier, d'appeler. Ma voix est brève, mon souffle court et ma poitrine se déchire à chaque effort..... Une écume sanglante borde mes lèvres.

Deux ombres s'approchent, deux soldats. L'un d'eux, comprenant l'angoisse de mon regard, s'est agenouillé près de moi, contre moi. Et tandis qu'il continue à veiller, se soutenant des mains à son fusil, je vois qu'il se place à mes côtés pour que son corps protège mon corps.

***

Mais ils ont jugé que mon agonie durait trop. Eux qui n'ont point pitié d'eux-mêmes, ont eu pitié de moi. Eux qui dédaignent les souffrances de leur chair, ont souffert dans ma chair. Plus pauvres que les pauvres, ils ont offert leurs vies pour me sauver.

Ils m'ont roulé dans une toile de tente, comme on enveloppe un mort et, à deux, ainsi que des vignerons qui portent les bennes aux vendanges, ils m'ont porté, tiré, traîné, sauvé.....

Trébuchant dans cette terre croulante, dans ces trous d'obus, dans cette cendre, nous formons un petit groupe tenace, compact, silencieux comme des fossoyeurs. Descente funèbre, interminable, aux lueurs vives des explosions qui nous précèdent, nous entourent comme des torches que porteraient d'invisibles fantômes. Descente à travers les pentes abruptes du vallon où le pied glisse, où les jambes se tordent, où les mains n'ont pour s'accrocher que la terre boueuse.

Les obus fusants nous brûlent les yeux de leurs flammes vertes ; d'autres, plus sournois, nous écrasent à terre, tous trois, de leur haleine cinglante.

Je m'accroche à ces deux ombres qui m'escortent, me soutiennent, me portent. Il me semble qu'en se crispant mon corps sera moins lourd. J'entends leurs poitrines souffler bruyamment, peiner, haleter. Je sens leurs muscles se raidir.

Et je glisse, cahoté de trou en trou, enfonçant à demi dans cette cendre gluante. Je heurte parfois de petites masses boueuses : les cadavres. On me fait glisser sur eux et nos corps se collent au passage.

Les fusées jettent une lumière vive, brutale où les ombres se heurtent violemment, lumière trop crue, lumière morte.

Je n'ai plus le temps de souffrir, ni de penser à ma souffrance : des hoquets de sang m'étouffent !...

De violentes rafales nous obligent à nous accroupir dans les trous, tandis que les éclats rôdent traîtreusement dans la nuit épaisse. Mais qu'importent à présent ces pentes abruptes, cette terre crevassée, cette nuit qu'illuminent les obus aux flammes sanglantes?....

Je suis délivré, ressuscité, sauvé...

Une lumière s'est levée dans la nuit de mon cœur, un espoir : la vie. La vie qu'on me rend: « Ma vie » que tiennent ces deux hommes qui me sauvent.

Voici que j'ai peur que leurs bras ne faiblissent, peur de ces flammes qui tout autour de nous brûlent comme des buissons ardents ; peur pour eux, peur pour moi, pour nous. Leurs yeux sont mes yeux; leurs jambes, mes jambes ; leurs cœurs, mon cœur ; leur vie, ma vie.....

Si nos corps sont distincts, une même âme nous anime. Nous ne sommes plus que trois pauvres soldats, perdus sur cette terre de feu.

Un brouhaha confus de voix assourdies me tire de ma torpeur. De petites lumières rapides, fugitives nous entourent. Une forte odeur d'iode me prend à la gorge : le poste de secours.

Des silhouettes nombreuses, debout, accroupies, couchées, attendent en groupes.

Des brancards sont étendus en longues files.

Mes porteurs m'ont placé à leurs côtés. Une forme grise, inerte gît près de moi ; elle ne souffle ni ne bouge.

Mes soldats sont là à présent, debout à mes pieds, muets et graves. Ils me regardent et leurs yeux sont brillants.

Mais avant que j'aie pu leur dire ma reconnaissance, serrer leurs mains dévouées, ils m'ont dit adieu.

Adieu rapide, craintif.

Ils n'ont point songé à la grandeur de leur dévouement et déjà ils ne se souviennent plus que je leur devrai éternellement ma vie.

Ils m'ont dit adieu simplement, en amis, en soldats.

Et je les ai vus de leur pas grave, reprendre, silencieux et calmes, le chemin de l'enfer...

Juin 1916.

X

Blessé.

Blessé.

I

La Fièvre.

X

BLESSÉ

I. — La Fièvre.

Oh ! cette nuit est longue, longue !...

Plus longue encore que les nuits passées ! !...

Mes tempes battent, et chaque vibration me martèle la tête. Mon lit est chaud comme une étuve. Mes draps collent sur mon corps comme sur un cadavre.

C'est la fièvre, l'affreuse fièvre qui depuis si longtemps me torture et me hante ; cette fièvre tenace, constante, qui m'use insensiblement l'esprit et le corps.

Un petit sifflement sec sort de ma poitrine crevée : ma pauvre poitrine douloureuse que sans cesse on palpe, on scrute, on dissèque. De petites pinces d'acier froid et luisant, ont mordu ma chair comme de méchantes bêtes au museau pointu.

C'est l'obus qui m'a frappé : l'obus qu'on ne voit pas, l'obus méchant, brutal, aveugle...

Mes yeux n'ont rien pour se fixer : je ne vois que l'ombre de cette chambre d'hôpital, et cette ombre m'entre dans les prunelles... Elle est si épaisse que mes mains en la tâtant, vont la palper, sentir une résistance. Mais cet effort me lasse. Mes mains retombent inertes sur les draps enlaçants.

Je ne sais où poser ma tête brûlante.

Ma bouche est entr'ouverte pour m'aider à respirer. Mes lèvres sont sèches.

La fièvre...

J'entends les moindres bruits : mes sens surexcités sont d'une acuité extrême. Au loin les clochers de la ville sonnent leurs heures nostalgiques. Je ne sais les compter. Je me perds délicieusement dans leurs carillons graves.

Je ne puis bouger sans qu'immédiatement je sente un coup sec, brutal, déchirant, au fond de ma poitrine. Ma poitrine, ma pauvre poitrine d'enfant, ma poitrine neuve, fière de sa force et qui est aujourd'hui si pesante, si douloureuse...

Pourquoi les nuits sont-elles si longues ?

Comme les hommes sont longtemps à dormir, à se reposer...

Je suis là, étendu sur ce lit comme un mort, mais un mort qui aurait conscience d'être mort, qui en souffrirait; un mort qui penserait.

Je souffre dans ma chair à crier, à pleurer. Mes mains fiévreuses se crispent aux draps. Ma tête lourde pèse sur l'oreiller trop mou. Je souffre depuis trop longtemps. Mon courage s'est usé. Depuis des jours et des jours, des nuits et des nuits, je suis douloureux, angoissé, las ; si las que je n'ai plus la force de soulever mes bras raidis et lourds.

Mon corps jeune a lutté, s'est défendu avec toute l'ardeur de sa vie brûlante. J'ai espéré, j'ai cru en la force de cette vie. Mais voici que, peu à peu, avec les jours qui s'écoulent, je sens mon courage s'en aller...

J'étais fort, tant que je sentais la chaleur de mon sang, tant que mon esprit pouvait penser, tant que mon cœur pouvait croire, espérer. Mais aujourd'hui je n'ai plus la force d'être fort. A mesure que mes plaies se sont creusées, et que j'ai senti ma poitrine sonner comme un coffre vide, j'ai perdu confiance en ma jeunesse.

J'ai lutté, j'ai souffert, j'ai pleuré, mais je

n'avais encore jamais désespéré, et voilà que la chair entraîne l'esprit. Les idées passent dans ma tête sans que je puisse les retenir. Mes sens se dissocient, mes sensations se mêlent. Je n'ai plus conscience ni du temps, ni de l'heure : mon corps souffre sans que je m'adapte à cette souffrance.

Je ne puis penser ni réfléchir. Mes raisonnements n'arrivent point à s'enchaîner. Si je veux approfondir mes songes, je m'aperçois qu'ils ont fui ma tête vide.

La veilleuse clignotante fait danser sur le mur de larges chenilles d'ombre.

Je me sens frileux, seul. Ma sueur se glace. Cette nuit obscure me hante. Quel est le mal qui me tient ainsi, impitoyablement ? Puis-je guérir avec cette plaie à la poitrine qui me brûle? Comment puis-je espérer et que puis-je espérer?

La mort !... Et si c'était la mort?

La Mort? Je n'y avais encore jamais songé. La Mort? Non, ce n'est pas possible. Je ne la connais pas. Je ne veux pas la connaître. Je suis trop jeune pour mourir... Elle ne viendrait point à bout de mon corps vigoureux. J'aurais encore la force de l'étouffer en mes bras, de l'étrangler...

Et cependant son spectre glacé me tourmente. Peut-être s'approche-t-elle silencieusement dans l'ombre de cette nuit? Peut-être veut-elle prendre sa revanche? Comme elle serait fière d'éteindre ma belle vie ardente! Peut-être a-t-on voulu me la cacher? Mais alors elle va me prendre par derrière et je ne pourrai pas lui résister, je suis si las..... Je ne la crains pas, mais je veux la voir venir franchement, devant moi.

J'ai cru en mes pauvres forces humaines : j'ai cru que ma chair serait assez forte pour lutter, pour vivre. J'ai cru en ma volonté chancelante ; j'ai cru en moi-même, et c'est ce qui m'a trompé, trahi.

Voici qu'après des nuits de lutte, des nuits d'espoir, je sens mes forces décroître ; je sens l'ombre qui m'entoure se faire plus épaisse. Cette ombre m'étreint.

Je rêve, peut-être....

Mais non, je ne rêve pas puisque je souffre. Mon mal n'est point une illusion. Ma chair brûle. La vie s'égoutte peu à peu par la plaie béante que je porte au côté. Et je sens que mes faibles forces sont vaines, vaines à faire pleurer.

Oh ! l'angoisse du jour, où je fus blessé !

Les cris de ceux qui m'entouraient, leurs gestes fous... Je revois tout cela à travers un brouillard, mais un brouillard qui se déchirerait soudain, par endroits, sur des tableaux si nets !

Les nuits de guerre sont atroces ; elles sont sanglantes ; mais elles pèsent moins sur le cœur que ces nuits d'hôpital, ces nuits où l'on étouffe. Aux tranchées on sait où est l'ennemi, on voit les étoiles. A l'hôpital, la nuit est fourbe, fuyante, vide.....

Que puis-je contre cette nuit ? Contre ma douleur, contre la détresse qui s'empare de mon cœur ?

J'ai besoin d'espérer, de croire. Je cherche la lumière en tâtonnant, comme un aveugle. Une lumière ardente, qui réconforterait mon corps, qui ranimerait mon cœur. Une lumière qui serait la Vie, mais une Vie plus large, plus entière que celle qui me fuit. La Vie féconde. La Vie où l'on ne meurt plus. La Vie où l'on espère. La Vie où les souffrances de la chair sont inconnues. La Vie où l'on croit !

Une faible lueur blanchit le sommet de la fenêtre. L'ombre s'éclaire. J'aperçois déjà l'encadrement du châssis qui se détache comme une croix noire.

Oh!... le jour, c'est bien le jour!... Une demi-transparence verdâtre flotte sur les toits voisins. Le jour et son apaisement. Le jour!...

Orléans, Octobre 1916.

BLESSÉ.

II

Dimanche.

II. — Dimanche.

Dimanche, dimanche d'hôpital. Dimanche silencieux et vide !...

Dimanche ! Les vêpres sonnent, lointaines. Des vêpres recueillies et graves qui, dans le ciel pâle, laissent traîner sur la petite ville tranquille, la chanson lasse et lente de leurs cloches. Dimanche !

L'hôpital est désert. Les longs couloirs dénudés résonnent sous les pas hâtifs des permissionnaires. Des portes se ferment bruyamment, scellant en quelque sorte notre solitude.

Nous ne sommes plus à présent que quelques blessés, immobiles au fond de nos lits blancs, de nos uniformes lits tristes. Quelques blessés impotents, les « grands blessés », ceux qu'on laisse toujours, et dont le long après-midi du dimanche se passe à contempler le coin de ciel gris ou bleu que découpe la fenêtre.

Dimanche !... les vêpres sonnent : tintements interminables, monotones, désolés ; tristes comme le bruit de la pluie, comme tout ce qui martèle le cœur. Cloches aux notes trop accueillantes, qui font renaître les anciens souvenirs, comme des feuilles mortes à la surface des étangs : les souvenirs chers et profonds, tièdes comme des baisers, accablants comme des prières. Les mauvais souvenirs : ceux qui font aimer, ceux qui font pleurer.

Les vêpres sonnent : pourquoi ces tristes symphonies du dimanche où flottent des repentirs, des regrets? Où sont nos dimanches d'antan? Nos beaux dimanches ensoleillés? Dimanches de repos et de prière ! Où sont les vêpres des églises de village, où les statues dorées des saints brillaient sous les naïves verrières?

Où sont les chantres aux voix rudes, et les belles bannières brodées, qui se balançaient cérémonieusement aux lentes processions des Fêtes !

Chacun rêve dans son lit morose.

Chacun se souvient. Le laboureur rêve à ses sillons, droits et nets comme sa vie ; le forgeron, aux joyeuses étincelles de sa forge ; l'ouvrier, aux longs cris des sirènes d'usine...

Chacun s'attarde à ce qu'il aimait et s'étonne de se retrouver lui-même, après tant de longues souffrances, dans cet hôpital désert.

Dimanche! comme ces souvenirs sont loin aujourd'hui.

Aujourd'hui, nous ne sommes plus que de pauvres blessés inanimés, au fond des tristes ambulances de province... Dimanche! Y a-t-il un dimanche pour nous? Quel est-il, que peut-il être?

Ne sommes-nous pas à présent en marge de la vie commune, en marge de la vie humaine? Nous ne sommes plus que des blessés; de ces innombrables blessés que la guerre accumule, comme on en voit tant, comme on en voit trop!

Dimanche! A l'hôpital, il n'y a pas de dimanche. Nous apercevons par notre coin de fenêtre, les mêmes nuages qu'à l'ordinaire, le même ciel..... Dimanche! Qu'est-ce donc que le dimanche?

Accoudés sur nos lits étroits, les yeux troubles de rêve, nous écoutons ces cloches sans les comprendre, tant nous sommes déshabitués de leur tendresse, de leur recueillement, de leur paix: ces cloches qui sonnent le dimanche des autres!

L'hôpital! ce nom seul est le symbole de notre misère. L'hôpital, nom triste, lourd, morose. L'hôpital, refuge des malheureux de la vie. L'hôpital ! Ce mot évoque de grandes souffrances, un grand abandon, un grand dénuement.

Nous sommes des pauvres entre les pauvres.

Nous ne possédons rien, pas même la gloire. La gloire... elle s'use et s'étiole dans cette chambre nue. La gloire... oui, nous l'avons aimée, comme les autres. Nous avons cru et espéré en elle. Nous l'aimions parce que nous étions des hommes, parce que nous étions jeunes. Mais où est-elle cette gloire ? Nos mains sont vides, comme nos cœurs.

Et que pourrions-nous posséder, puisque nous ne nous possédons pas nous-mêmes?

Il ne nous reste plus que notre souffrance. Notre souffrance qui, depuis si longtemps, nous immobilise. Souffrance obstinée, monotone, comme le son de ces cloches, qui, dans ce morne dimanche, plane sur nos songes, sur nos regrets, sur nos espoirs, qui berce et accompagne notre vie dolente.

Souffrance acceptée, souffrance consentie. Nous avons le droit d'en être jaloux : elle est à nous, bien à nous ; car nous sommes seuls, chacun à la connaître. Cette douleur qui nous ronge, et qui, chaque jour un peu, consume nos forces, use notre volonté. Nous avons le droit de l'aimer, de la choyer, d'en être orgueilleux !....

Notre seul orgueil !...

Oui, nous sommes plus fiers de nos jambes brisées, de nos bras arrachés, de nos poitrines trouées, que des plus grands honneurs. Notre blessure nous met en dehors des autres hommes, au-dessus. Au-dessus parce que notre beau sang rouge a coulé pour notre Patrie. Autour de son autel, et parmi la multitude qui l'entoure, nous ne sommes pas seulement des fidèles qui assistons au sacrifice, quelque belles que soient les prières des assistants, nous sommes des prêtres puisque nous versons le sang, notre sang...

C'est là notre tâche, et nous n'avons pas le droit de réclamer ni de nous plaindre. Il est juste que nos corps souffrent et meurent pour que vive notre Patrie. Nous ne demandons ni une récompense, ni un salaire, ni un adieu, ni même un regard de pitié. Nous sommes assez forts pour mourir seuls.

Qu'on laisse seulement cet orgueil aviver nos prunelles malades et craintives. L'orgueil d'être soldat comme on est prêtre : sacrés du sceau de nos blessures profondes.

Cependant les carillons de cloches s'espacent, s'éloignent. Leurs notes, avec le crépuscule, se font plus pures et plus graves. Avec leurs tristes prières, descend dans les chambres vides des hôpitaux déserts, l'apaisement des longues souffrances qu'ils abritent.

Cloches douces et tendres, qui veillez et bercez, comme d'invisibles amantes, les cœurs de tous les soldats, blessés et solitaires !...

Cloches du dimanche.....

BLESSÉ.

III

Le Rêve.

III. — Le Rêve.

Les îles d'Hyères sont, ce soir, d'or pur. Leurs contours se détachent en notes claires sur la mer violette. Les vallons, les prairies, les bois, se superposent, fondus dans une lumière chaude qui les estompe. Porquerolles brille, lointaine, et ses maisons blanches, serrées, enchevêtrées, s'étagent comme une série d'escarboucles.

Les vignes grimpent au flanc des coteaux, semblables à de larges capucines. De hautes falaises de corail rose prolongent dans l'eau calme leurs reflets transparents. La mer s'ocèle de larges taches d'un pourpre ardent qui se mêlent aux serpents verts des algues côtières. La mer resplendit : la mer avide de lumière, la mer voluptueuse.

Cependant par degrés, s'effacent les points brillants, le miroitement des vagues. Le soleil s'enfonce derrière les grises collines d'oliviers ; des jets de flamme auréolent leurs cimes. Les rochers orangés deviennent insensiblement rouges, puis mauves, puis violets comme des verrières.

Des pâleurs grises, argentées, opalines, embrument les vagues. Les îles peu à peu s'éloignent, émaillées de tons bleus qui se perdent dans le lointain horizon de la mer. Mais à mesure que la terre s'obscurcit et que les flots se font profonds et troubles, le ciel devient d'un vert tendre, léger, diaphane, comme s'il s'ouvrait à une nouvelle aurore que parsèment, fugitives comme les paillettes d'or de mystérieuses prunelles, les premières étoiles de l'Orient.

* * *

Nous sommes là, sur la haute terrasse que caresse le vent tumultueux de la mer. Les briques ajourées laissent filtrer de petites lueurs changeantes. Nous sommes là, tous les grands blessés, ceux qu'on porte toujours et qui, depuis des mois et des mois, ne sont maîtres ni de leurs pas, ni de leurs songes, ni d'eux-mêmes. Nous sommes là, étendus sur les mornes chaises longues, le corps las, l'esprit vide.

Les blessures créent entre nous des affinités

curieuses. Nous nous connaissons et nous aimons mieux lorsque nous souffrons de maux identiques. Sous un même ciel, souffrir d'une même plaie, suffit à unir nos cœurs dispersés. Les amputés vont ensemble, le blessé de poitrine se rapproche du blessé de poitrine ; dans un même coin s'ouvrent les troubles regards des agonisants.

La tête enfouie dans de lourds oreillers, immobiles, les paupières mi-closes, nos yeux contemplent, distraits, songeurs, le paysage brillant et tiède, qu'encadrent comme un tableau, les bleus eucalyptus et les pins enlacés.

Nos couvertures aux raies multicolores se détachent, claires, joyeuses. Sous ce ciel d'or, leurs teintes bruyantes resplendissent comme des simarres de pourpre, et cachent heureusement à nos yeux, les longues misères qui nous usent : à celui-là sa jambe brisée qu'enveloppe un plâtre épais ; à cet autre, sa poitrine creuse, défoncée. Nos voix sont blanches, incolores, nos mains maigres et lasses. Des livres, des journaux traînent à terre...

Ainsi passent nos heures, insensiblement, une à une, empreintes de cette tristesse lente et monotone des heures de veille et d'angoisse, des heures de guerre. Les heures passent, et nos souvenirs s'embrument, et nos douleurs s'effacent. Les heures passent d'elles-mêmes, fugitives. Nos yeux étonnés ont peine à les distinguer, nos cœurs peine à les compter, tant elles sont égales, vides et blanches.

Et là-bas la mer s'écaille de reflets verts, et le sable des plages se soulève en poussières blondes.

* * *

La lumière de ce pays est si vive qu'elle absorbe toute la vie. Nos sentiments, nos sensations évoluent en communion avec le soleil, avec les diverses teintes du jour dont les transparences se nouent et se dénouent devant nos yeux extasiés comme d'invisibles écharpes.

A midi, aux heures de plein soleil, sur les terrasses surchauffées, nos cœurs délicieusement engourdis par la lourde torpeur de l'air, sont inertes, accablés, mais nos yeux perdus dans une perpétuelle extase, contemplent éblouis les horizons qui semblent s'évaporer en lourdes fumées, sur le miroitement de la mer. Les ombres sont bleues, les routes brillantes ; les rochers scintillent comme constellés de gemmes précieuses. Nous vivons alors un long rêve et nos yeux échafaudent d'invraisemblables chevauchées.

Ce rayonnement ardent agit sur nos sentiments comme un opium, favorise l'oubli, la somnolence, idéalise les souvenirs. Il s'élève devant nous, au travers des gris oliviers, de merveilleuses cités, où l'or resplendit : des coupoles aux tuiles de bronze, des minarets éblouissants, une vie nouvelle, toute chargée de nos désirs ébauchés qui, dans cette lumière, semblent subitement s'épanouir.

Et les eaux profondes de la mer se dorent de transparences étranges, comme s'il naissait du sein des vagues, de féeriques jardins illuminés.

***

Puis, à mesure que s'atténuent les lumières vives, les ombres heurtées, les crêtes brillantes des montagnes, s'effacent aussi dans nos cœurs le mirage et l'extase. Nos cités d'or s'écroulent. Les temples, les palais se muent en d'insaisissables nuages roses que poursuivent en vain nos espoirs. Nous reprenons conscience de nous-mêmes, de nos misères, de nos regrets, de notre lassitude. Une inexprimable tristesse nous étreint : tristesse de blessé, faite d'abandon, de détresse, de souffrances de la chair et du cœur.

A cette heure ce n'est point seulement l'absence qui est lourde au cœur, mais l'attente qui nous épuise par ce qu'elle a de perpétuellement inachevé, et parce qu'elle tend à l'extrême, comme un arc trop frêle, notre sensibilité.

Attente qui use nos pauvres forces malades, attente hallucinante, aussi profonde que la mer, aussi lointaine que les horizons des îles d'or qui, peu à peu avec la nuit, s'éloignent comme si elles partaient à la dérive sur une mer nouvelle.

Nos cœurs se lassent de voir chaque soir s'éteindre l'éblouissante lumière, étouffant nos rêves ébauchés, nos amours incertaines, notre vie renaissante, pour nous laisser retomber dans la longue stupeur des nuits de fièvre.

Nous n'osons plus croire à ces fourbes horizons, fuyants comme des mirages, à ce paysage stérile, trop parfumé, trop beau, pour laisser aux sens leur acuité, à l'esprit son audace, à la douleur son inépuisable fécondité.

Nos yeux s'usent à regarder ces lumières qui s'éteignent, pour les graver dans nos prunelles et les voir encore, toute la nuit prochaine, dans l'ombre de nos chambres moroses.

***

Mais si le soir, la mer est profonde et décevante, le ciel se dégage, s'épure, s'idéalise. Un ciel clair s'ouvre à nos yeux meurtris et las, un ciel lavé des lumières trop chaudes de la journée, un ciel léger, lointain, que sillonnent quelques minces nuages comme de frêles nacelles cuivrées.

Un ciel qui, dans ce crépuscule d'or nous rend l'espoir, l'espoir qui ranime, l'espoir qui enchante.

Un ciel de fin de jour, recueilli, mystérieux, agrandi. Et clair, si clair que nos yeux s'ouvrent à la lumière comme s'ils s'ouvraient à une foi nouvelle...

Nous restons là, oubliant la détresse de l'ombre nocturne, le cœur tourné vers cette lumière naissante. Lumière de paix, d'espoir, lumière de soir de bataille ; lumière d'apaisement pour tous les jeunes hommes que nous sommes, pour tous les blessés, pour toute la France martyre.

Malgré ces blessures qui font nos corps épuisés et solitaires, nous sommes encore des soldats, et nos cœurs sont demeurés hardis et fiers. Nous avons derrière nous tout un passé qui nous hante. Nous espérons en tout un avenir qui nous attend.

En dépit de nos jambes brisées, de nos yeux arrachés, nous espérons. Nous espérons comme nous avons lutté ; nous espérons car nous avons foi en notre patrie et en nous-mêmes. Nous espérons, car nous sommes jeunes, et que cette longue souffrance s'attaquant à une chair neuve, au lieu d'abattre nos forces et nos courages, les a surexcités.

Nos chaises longues se touchent et nos ombres se confondent. Mais les paupières s'ouvrent larges, étonnées ; les yeux sont brillants et s'éclairent de lueurs étranges. Est-ce le feu des batailles ou la tendre lumière de ce ciel limpide?

Nos paroles sont empreintes d'une majesté qu'amplifie la nuit, qui peu à peu nous gagne. De longs silences nous isolent, aidant les cœurs à préciser leurs songes.

Les yeux dilatés, les mains crispées, à demisoulevés sur nos oreillers, nous restons là, comme les signaleurs de la lune à Carthage, espérant l'aurore nouvelle qu'auront fait naître sur notre Patrie nos interminables souffrances.

Déjà paraissent les premières étoiles, et tandis que l'or vert du ciel se reflète en points plus clairs dans nos prunelles attentives, voici que nos cœurs murmurent comme une prière :

« O France, ô Patrie, bien que déjà la nuit silencieuse embrume la mer, nous apercevons à l'horizon une aube nouvelle.

« Elle naît au-delà des collines argentées et des plages solitaires. Les étoiles lointaines sont les premières à la voir s'épanouir, mais nos yeux anxieux la devinent et l'espèrent.

« Si peu à peu la vie a déserté la terre, si les routes, sinueuses et vides, se sont bordées d'ombre, si les tuiles rouges des toits se sont éteintes, si nos cœurs avec le crépuscule, ont connu la détresse des souvenirs et des regrets, la lassitude de la constante souffrance, cependant nos yeux ont vu s'éveiller insensiblement, dans le lointain de leurs songes, cette aurore troublante qui, dans le ciel léger, suit le coucher du soleil.

« Elle est d'autant plus claire que les bandes

de nuages fugitifs qui barrent la nuit, furent plus rouges, plus sanglants.

« O France, une aube nouvelle naît pour toi, dans ton ciel pur ; elle naît de nos blessures, de nos souffrances, de toutes les misères de tes soldats.

« Si notre sang a rougi ton soleil, vois comme ce soir, ton ciel redevient limpide, léger, recueilli. Vois ces transparences vertes qui, peu à peu, étendent sur toutes nos souffrances, leurs voiles consolants et frais ! Vois ce poudroiement d'or qui, là-bas, borne la mer !

« Ne crains rien : nos cœurs ni nos corps ne sont épuisés. A mesure que pour toi nous souffrons davantage, nous nous sentons devenir meilleurs et plus grands.

« Ne crains rien : tu n'as point abusé de nos forces, ni de nos courages. Reçois nos vies, nos souffrances, nos espoirs, chaque matin, à l'aube de chacun de tes soleils.

« Nous nous donnons à toi quand nos plaies nous brûlent, quand nos cœurs faiblissent. Nous nous donnons à toi quand nous aimons, quand nous pleurons.

« Nous te sacrifions joyeusement nos désirs et nos rêves pour que l'aube qui déjà luit dans ton ciel, s'élargisse et s'épure.

« L'espoir que tu nous promets, l'avenir que tu nous forges est plus beau que ce que nos cœurs incertains peuvent croire.

« Nous t'aimons !

« Nous t'aimons parce que tu es meurtrie. Parce que toi aussi, tu es mutilée, saignante.

« Nous t'aimons parce que nous souffrons avec toi et pour toi.

« Accepte ce soir encore, nos dernières forces, les dernières gouttes de notre sang.

« Accepte nos cœurs bien qu'ils soient infirmes et las.

« O Patrie, tu resplendis ce soir dans cette dernière et suprême clarté du ciel, comme dans une apothéose.

« Nous t'aimons parce que tu es grande, pure et belle.

« Nous t'aimons dans tes bois, dans tes champs, dans tes prairies, dans tes vallons.

« Nous t'aimons dans tes batailles, dans tes tempêtes.

« Nous t'aimons dans nos blessures.

« Nous t'aimons dans notre mort.

« Notre sang est ton sang.

« Tu es née de la communauté de nos cœurs et de nos souffrances.

« Nous sommes tes enfants, tes fils.

« Et notre seul trophée sera d'avoir été sous tes uniformes, bleus comme ton ciel, Tes Soldats !

. . . .

. . . .

« Vois le ciel s'illumine, s'illumine à ta Gloire !... »

Mont-des-Oiseaux, 1917.

TABLE DES MATIÈRES

TABLE DES MATIÈRES

LYON
IMP. EMMANUEL VITTE
Rue de la Quarantaine
18

www.ingramcontent.com/pod-product-compliance
Ingram Content Group UK Ltd.
Pitfield, Milton Keynes, MK11 3LW, UK
UKHW022018170726
13837UKWH00001B/258

9 782329 161310